SHALE KAKUMEI HANEISURUKIGYO, KIERUSANGYO
by Seiichi Takarabe
Copyright © 2014 Seiichi Takarabe
Original Japanese edition published by Jitsugyo no Nihon Sha, Ltd.
All rights reserved
Chinese (in simplified character only) translation copyright © 2022 by Social Sciences Academic Press (China)
Chinese (in simplified character only) translation rights arranged with Jitsugyo no Nihon Sha, Ltd. through BARDON CHINESE CREATIVE AGENCY LIMITED, Hong Kong.

中国社会科学院大学（研究生院）国际能源安全研究中心
能源安全研究论丛

页岩气革命

走向繁荣的企业和即将消失的产业

〔日〕财部诚一 / 著
Seiichi Takarabe

王炜 文婧 / 译

社会科学文献出版社
SOCIAL SCIENCES ACADEMIC PRESS (CHINA)

本书为中国社会科学院大学校级课题"日本对美国天然气革命的认识及应对策略及其对中国能源安全的影响"成果。

序言
冷静而谦虚地向先进学习

　　1976年，美国能源部正式启动了东部页岩气项目，页岩气的开采技术遂取得重大进展。进入21世纪，随着页岩气压裂技术的逐渐成熟，页岩气的大规模生产开发成为可能。2003年，美国第一口真正意义上的页岩气井在巴尼特页岩气田诞生，拉开了页岩气大规模商业性开发的序幕。美国至今仍然是唯一在页岩气开发事业上获得成功的国家，并由此对世界天然气供需结构以及贸易价格产生了重大影响，还从结构上使全球油气地缘政治格局发生了变化。页岩气的开采不仅标志着非常规能源（如致密砂岩气等）的开发已经成为能源开发事业新的发展方向，而且催生了重大的技术革命，带动了相关产业的重大调整，形成了第三次油气工业革命，因此被称为"页岩气革命"。凭借这场"革命"，美国天然气消费长期依赖进口的局面发生逆转，美国不仅实现了油气自给自足，还成为重要的液化天然气出口国。所以有观点提出,页岩气的开发利用可以成为低碳经济战略发展的推动力。

关于美国的"页岩气革命",以本书作者为代表的日本积极派,不仅积极关注美国页岩气革命是如何发生的,以及它给世界能源格局造成了怎样的影响等问题,而且将日本在能源供给方面能够从美国页岩气革命中获得怎样的实惠、日本企业在美国页岩气革命中能够迎来何种商机等置于关注的焦点。

本书作者认为,页岩气开发之所以能被称为一场革命,不仅因为页岩气开发与传统油气开发之间存在着根本性的不同,也因为在开采页岩气过程中页岩气本身的特点引发了各相关领域的大量技术创新,并且促进了一大批新产业的形成和发展。作者甚至进而断言,页岩气革命最终必然导致传统的、以石油和军事为支撑的金融资本主义走向衰退。

那么,为何页岩气革命能且只能发生在美国?作者近乎崇拜地将原因归结于美国所独有的条件,其中包括:第一,美国的土地所有制保证了土地所有人不仅拥有地面以上的权益,而且还拥有地面以下的资源,土地所有者与资源开发者都能够从资源开发中获得利益;第二,美国拥有完善且四通八达的油气输送管道以及成熟的管理机制,不仅硬性条件具备而且作为软性条件的管理系统也科学有效,其"油气输送管线分析师"作为新兴职业便是这些条件充分发挥作用的外在表现;第三,美国拥有强大的国内需求市场;第四,美国聚集了大量的高新技术和技术人才;第五,美国拥有良好的风险投资习惯和法制保障。这些因素都保证了页岩气革命在美国兴起并取得成功。

那么，页岩气革命究竟为美国带来了什么？作者指出，当然首先是廉价的燃料和原料，它们不仅使美国国内产业重新获得了强大的竞争实力，而且吸引了美国和全球的石油化工企业和制造业企业重新回到美国投资建厂，进而使全世界的热钱纷纷涌入美国，美国遂成为全球重要的投资目标国。页岩气革命也包含着全新的技术和生产模式，比如新型的产业互联网的逐渐形成，其效率和效益的提升都是过去所无法想象的。页岩气革命还使美国能源独立的梦想得以实现，美国必将因国内社会和经济重新走向繁荣而进一步在国际社会彰显其存在感。因此，作者表示，21世纪将重新被称为"美国的世纪"。

那么，美国的页岩气革命为日本和日本的企业带来了些什么呢？作者介绍说，一方面，日本企业为获取便宜的原料而纷纷将生产工厂迁往美国，甚至创造了在美国企业内部设置生产车间并就地向美国出售其产品的生产和贸易新模式。并且，作者认为页岩气革命改变了传统的资本运作规则，使廉价原料对企业的吸引力战胜了企业对廉价劳动力的渴望。另一方面，作者肯定了日本企业家关于"绝对的技术优势保障绝对的市场竞争力"的认识，确信日本企业必将因拥有领先世界的优势技术而赢得巨大的市场商机，甚至明确指出，在用于页岩气开发的分析监测仪器、开采设备及油气输送管材专用的特种钢材、LNG（液化天然气）运输船舶等制造技术以及天然气化工产业等领域，都是日本企业大展身手的舞台，并且日本企业还将随着页岩气开发席卷全球的风潮而赢得更多的商机。

同时，日本还将因能源进口成本降低和进口来源多元化获得能源安全的积极砝码，成为美国页岩气革命的受惠方。

以美国页岩气革命为参照系，作者对中国的页岩气开发做出的预测略带消极，认为中国在页岩气开发方面虽然存在强烈意愿并制定了鼓励性政策，但由于页岩气储藏区域的地质结构复杂、缺少油气输送管线、在技术上尚不成熟、缺乏开采所必需的水资源以及国有化的土地（资源）所有制等种种制约因素，不会出现如美国页岩气革命般的飞跃发展。同时作者亦认为，日本企业同样会凭借其先进的技术，在中国的页岩气开发事业中获得大量商机。

从页岩气革命到世界能源市场，再到地缘政治国际关系与外交等环节之间的关联逻辑，作者对作为油气出口国的中东、西亚国家和作为进口方的欧盟各国，以及对俄罗斯因美国页岩气革命而表现出的种种不同态度展开了日本式的解读。作者着重分析了在进口美国页岩气的背景下，日本与俄罗斯之间以能源问题为核心的两国关系的走向，其中不乏日本式的功利色彩。例如，作者认为法国因担忧页岩油气对法国核能出口造成威胁，出台法律禁止使用水力压裂法（用于开采页岩油气）。同样的倾向还表现在对美国在页岩气开采过程中造成的环境污染问题上，作者虽然谈及无法进入污染地区采访，但仍然乐观地提出美国因拥有完备的法制监督，一定能基于土地用途很好地在开发与环保方面取得平衡，同时还会促成包含环境监测和环境改善在内的环保产业的兴起。

然而，这种乐观不由使人想起一句老话——"汝之蜜糖，彼之砒霜"。一方面是日本及日本企业对于页岩气革命的欢呼和对页岩气革命在全球范围内蔓延开来的期待，另一方面呢？页岩气开采所采用的水力压裂法，使空气里弥漫着难闻的化学臭气，从水龙头流出来的水是黑色的，家畜和宠物离奇死亡，神秘疾病开始折磨孩子……（参见伊丽莎·格里斯沃尔德的长篇作品《压裂的底层》）。在美国页岩气革命繁荣的表象之下，底层民众被垄断资本和政府及政客合力倾轧，被强加的"忍耐""为发展付出代价"所愚弄，不仅失去了"美国梦"，甚至连生存的底线都遭到践踏。

本书并非严格意义上的学术研究成果。作者是一位资深财经媒体记者，字里行间洋溢出亲身感受到美国页岩气革命真实场景之后所受到的巨大震撼。形成鲜明对照的是，作者提及中国和俄罗斯，则每每以投资安全和商业信用问题为借口进行各种指责和唱衰。这些特点在其他一些日本媒体人的作品中亦不难看到。当然，这些现象并不奇怪。

尽管本书不是一部具有系统理论的完整研究著作，并存在一些有失偏颇的断言，但对于我们而言，仍然具有较大的信息含量和较强的参考价值。我们常说,他山之石,可以攻玉。或许这有助于我们围绕中国的页岩气开发,从技术可行性、经济性、环保性、实用性和战略性等方面展开更为深入和全面的探讨。这正是翻译本书的意义所在。这也是自2015年完成本书中文译稿之后,几经犹豫最终还是决定拜托社会科学文献出版社付梓的目的所在。稍迟,但依然有益。囿于学识,文中疏漏与谬误之处还望有识者不吝指正。

是为序。

中国社会科院大学(研究生院)
国际能源安全研究中心主任
黄晓勇
2021年12月

目录
CONTENTS

第一章　21世纪将成为"美国的世纪" / 001
　第一节　一场戏剧性的变革正在悄然进行 / 001
　第二节　美国为何能凭借页岩气革命再次称霸世界 / 016
　第三节　美国的存在感迅速增强 / 032
　第四节　页岩气、页岩油的基础知识 / 037

第二章　页岩气革命将如何惠泽日本 / 043
　第一节　天然气时代到来了！/ 043
　第二节　页岩气革命需要日本的技术 / 051
　第三节　日本钢铁企业的商业机会增加 / 063
　第四节　无法避免的产业空洞化
　　　　　——页岩气研究课题组的报告 / 087

第三章　世界能源供给结构急速变化 / 097
　第一节　一场地壳运动般的革命正在全世界展开 / 097

第二节　令人头痛的环境问题与对策 / 108

　　第三节　中国的渴望 / 116

　　第四节　欧盟的天然气进口去俄罗斯化趋势 / 122

　　第五节　外交与安全保障问题 / 129

第四章　我们从页岩气革命中学习什么？/ 135

　　第一节　页岩气页岩油的出现并非突然 / 135

　　第二节　完全不同于 20 世纪石油时代的价值观 / 143

后　　记 / 156

第一章
21世纪将成为"美国的世纪"

第一节 一场戏剧性的变革正在悄然进行

曾经公认"21世纪是新兴国家的世纪"

21世纪也许将重新成为"美国的世纪"。至少现在我们必须对美国进行重新评价了。

当然,这并不意味着冷战时代以来一直作为霸权主义国家的那个美国又复活了,而是指页岩气革命使美国有可能实现他们长期以来的能源自给自足的梦想,在此基础上,美国建立起一种自我解决型的发展新模式,从而得以将其自身的"存在感"提高到一个前所未有的高度。

在此之前,很多人都认为21世纪将会是"新兴国家的世纪"。事实上,2008年雷曼危机以后,以中国、印度为代表的新兴国家便成为世界经济发展的引擎。其中,中国(包括香港和台湾在内）与新加坡等国家和地区已形成网络状经济发展格局，中国在世界上的"存在感"更是迅速增强，甚至已经和美国一起被称为"中美二强"。

另一方面，美国却日显衰退。2013年10月，由于众参两院政党席位逆转，奥巴马总统与共和党之间发生严重对立，不仅导致新财政年度临时拨款预算案未能通过，美国联邦政府非核心部门临时关门；而且，由于两党在提升国债上限的问题上无法达成一致意见，美国国债几乎陷入无法承兑的境地。虽然政治的本质是权力斗争，但是如果激烈的权力角逐荒唐到足以引发世界经济危机的地步，那便会给世人一个深刻的印象，美国或许已经丧失了作为世界领袖的资格。

"中美二强"的提法不仅仅彰显了人们对中国的积极评价，或许这同时也是一种信号，正是美国的衰退成就了中国地位的提升。

在这样的形势下，美国受到关注的理由何在呢？在这种情况下提出21世纪是"美国的世纪"岂不是要贻笑大方？

然而，美国的天才实业家乔治·米歇尔掀起的页岩气革命却力挽狂澜，扭转了局势。在金融资本的支撑下，长期以来美国通过石油和军事力量统治世界，而现在，美国正在转变成为一个拥有新的产业基础的"资本主义"国家。

我曾赴全美最大的页岩气田——得克萨斯州的伊格福特（Eagle Ford）采访。在伊格福特的勘探开采工地上，最先映入眼帘是汇聚在那里的无数的尖端技术设备。那种场景不是用"汇聚"二字就能够形容的，可以说，各种先进技术设备构成了一个高科技网络，为美国页岩气开发提供了坚实的保障。

从页岩气田开采出的页岩气通过遍布美国全境的油气输送管线供应到美国各地。随着页岩气需求量不断增加，建设新的油气输送管线的热潮正在美国各地兴起。使用廉价的页岩气进行电力生产的规模不断扩大，美国的电力成本也不断降低。因此，那些曾经迁离美国远赴海外建厂的制造业企业，也正陆续回归美国国内。以天然气为生产原料的化工企业将工厂搬回美国，不仅可以获得更为便宜的生产原料，而且还有更低的电力成本，何乐而不为呢？如今，曾经在海外建厂的企业重新回到美国已经成为一种潮流，例如美国化工龙头企业陶氏化学公司，已经关闭了在中国的工厂，重新回到美国国内建设新的厂房。

现在美国可以很容易地得到天然气，已经光荣地从世界最大能源进口国的位置上"退下来"。换言之，美国与实现能源自给自足的目标近在咫尺。

美国的LNG增产迅速

三井物产在页岩气、页岩油的商业领域有直接投资。该公司资源部门人士也没有否定21世纪将会是"美国的世纪"的预言。

三井物产天然气一部美洲室主任田中众认为："不仅21世纪将会是美国的世纪，而且今后很长时期都可能由美国作为世界的主导。"自2005年页岩气正式开发以来，美国的天然气产量增速之快令全球瞩目。

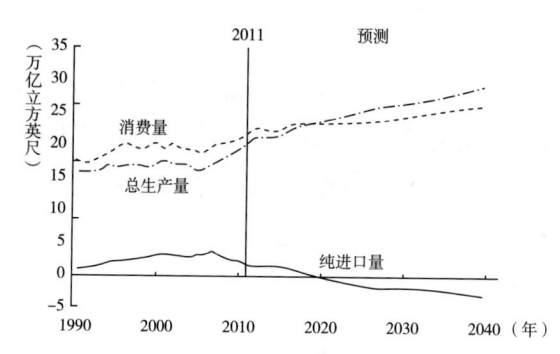

图 1-1　美国的天然气总生产量、消费量、纯进口量

资料来源：EIA, *Annual Energy Owllook 2013*。

他还指出，"2005 年美国天然气产量以 LNG（液化天然气）计算，年产量达 4 亿吨，而且，随着页岩气正式开始生产，2012 年产量增加到 5 亿吨（实际年产量）。根据国际能源署（IEA）预测，美国天然气年产量将在 2020 年达到 6 亿吨，2025 年将达到 7 亿吨。基于对生产能力等因素的综合考虑，我们公司也得出了大致相同的预测结果"。

读者可能很难对以上数字有明确的概念，田中众指出，与日本的年消费总量进行对比，便可以获得比较直观的印象。

"以 LNG 计算，日本的天然气年消费量略少于 1 亿吨（8000 万吨左右）。这也就意味着，在未来 10 年内，仅美国天然气的增产便相当于日本年消费量的 2 倍。在这样的形势下，美国的天然气化工企业必然会回迁美国，而这又一定会反过来促进天然气发电的需求增加（使电气价格降低，产业竞争力增强），从而进一步刺激天然气的生产。"

田中众还认为，美国可能会成为世界主要的天然气出口国，"美国或许会成为供应基地之一，以满足亚洲等地区快速增长的天然气需求"。

在此之前，美国对于天然气出口十分谨慎，禁止向自由贸易协定（Free Trade Agreement, FTA）成员国以外的国家出口天然气。直到2013年3月安倍首相访问美国，才促使美国决定解除对日出口页岩气的禁令。

美国对日出口页岩气的第一个订单将于2017年执行，得克萨斯州生产的LNG将通过自由港每年向日本中部电力公司和大阪燃气公司出口440万吨。该出口计划将持续20年。对日出口还有第二单，每年经由路易斯安那州的卡梅伦液化天然气出口站向日本三井物产和三菱商事出口800万吨LNG，同时每年还从马里兰州的LNG站向东京燃气和住友商事出口230万吨LNG。

日本目前从卡塔尔进口的LNG价格为16~17美元/百万英热单位[①]，而美国、加拿大生产的页岩气经液化后出口到日本，价格预计在10~12美元。美国国内的天然气价格随着市场需求的变化会出现上下波动，因此今后价格上涨的可能性很大。但即便如此，其价格也会与日本向其他亚洲各国购买的LNG的价格存在较大差距。毫无疑问，美国国内的天然气价格即便上涨1倍达到8美元，依然在很长时间内具有竞争优势。

---

① 1英热单位=1055.056焦耳。本书天然气价格为"××美元/百万英热单位"，以下简称"××美元"。

美国正在从能源进口大国一变成为能源出口大国,并将改变世界能源秩序,这一点我们可以拭目以待。

"能源独立"的实现

三井物产页岩气分公司副总经理松井透也明确表示,他相信美国将重新获得与此前完全不同的世界权威。

"我可以断定,美国国内经济及社会将活力重现,美国霸权地位也将再次确立,所以,21世纪将成为'美国的世纪'。但是,这种判断并不意味着美国恢复在国际社会中的霸权地位,而是指美国凭借国内的经济发展势头,必然再次成为世界经济发展的领跑者。"

松井透关注的重点在于美国即将实现"能源独立"的目标。"美国的石油、天然气产需市场将实现自给自足,再加上美洲范围内陆续发现的巴西深海油田、加拿大油田等,由此可以确定,美洲正在成为重要的能源生产区域之一,美国即将实现'能源独立'。虽然美国将允许天然气以LNG的形态出口,但我依然对美国今后解除石油出口禁令持怀疑态度。美国虽然将摆脱能源进口大国的身份,但未必会成为能源出口大国。"

很多人认为,由于页岩气革命,美国将从"能源进口大国"摇身一变成为"能源出口大国"。然而,情况并非想象中那样简单。

自1973年第四次中东战争以来,历任美国总统都曾经付出了艰辛的努力,希望使美国摆脱对中东能源的依赖,但是最终都未能得以实现。如今,美国的这一梦想即将成为现实。

曾经力量均衡的格局正在发生变化

松井认为,能源领域地缘政治力量的均衡即将被打破,我们将很快迎来一场激烈的变革。

"随着对中东能源依赖程度的不断降低,美国也将逐渐缩减在中东地区军事费用的投入。因此国际社会中有些观点认为,美国将会将其曾经在中东地区扮演的'警察'角色让给中国。虽然我也认为美国未来将会降低在中东地区事务中的参与度,但是美国与中东地区之间的关系不仅仅限于能源,还牵涉与其盟国以色列之间的关系,这种关系在美国国内政治界具有较强的影响力。因此,我个人认为不能单纯地预判美国将失去参与中东地区事务的兴趣。同时,中国目前并不具备足够的国力来接替美国长期以来所扮演的角色。但是从整体来看,美国与国际社会之间的关联的确正在趋于弱化,而另一方面,美国国内的社会发展正在再次焕发生机。"

显而易见,美国在国际社会事务中的存在感越来越弱。但是,随着能源独立目标的实现,美国国内的经济发展将迎来一个新的繁荣时代。

上文提到的田中众认为,美国国内与能源资源相关的行业将再度呈现繁荣景象。

"在美国,由于天然气增产迅速,天然气与石油之间的价格差距逐渐扩大。天然气也开始进入那些过去由石油垄断的运输用燃料领域。现在，美国正在研发以天然气为燃料的汽车、以 LNG 为燃料的运输船舶。另外，将天然气制成压缩燃料的生产线也已经投入建设，一场前所未有的大变革方兴未艾。

"从世界范围来看，一场由石油转换为储藏量更为丰富、环境污染更少的天然气的燃料变革，在未来较长时期内将不断推进，而技术上领先一步的美国将引领这场世界性的变革。现在，天然气率先迈出了一步。可以预测，今后随着国内石油增产，美国的石油化工行业也会呈现与天然气化工业同样的变化趋势。"

页岩气革命在美国国内引发的一系列变化，并不会让美国沙特化，也不会使美国俄罗斯化。与那些依靠出口石油、天然气等资源赚取外汇的资源国家的模式不同，在页岩气革命推动下，美国国内形成了新的产业基础，也正因为此，页岩气革命才真正称得上是一场"革命"。

天然气出口国和进口国完全不同的成本

随着页岩气被大量开采，美国的天然气价格出现较大降幅。2008 年亨利港天然气期货价格（纽约商品交易所的天然气商品期货价格）为 12 美元，到 2012 年迅速降低至 2 美元，其后虽出现一些反弹，但到 2013 年基本稳定在 4 美元左右。

在美国能够很容易地购买到廉价的天然气，这已经成为美国最具竞争力的优势之一。

首先，我们要厘清一个基本事实，天然气生产国和天然气进口国之间,在购买成本方面存在决定性的差异。

正如前文提到的,通过遍布全境的油气输送管线,美国国内的用户可以获得便宜的天然气。而那些与天然气生产国不接壤的国家,购买天然气的过程就要复杂得多了。

从其他国家进口天然气是相当复杂的,必须先将气态的天然气冷却至 $-160°C$ 液化成 LNG,而 LNG 的工艺与运输都必须经过许多复杂的处理。

下面我们将美国国内企业购买天然气与日本购买卡塔尔天然气的情况进行比较。在美国国内,企业可以通过油气输送管线向天然气田直接购买,2013 年美国天然气价格仅为 4 美元。那么,重洋之外的日本情况如何呢?日本从卡塔尔购买天然气,首先必须将卡塔尔生产的天然气运送到出口基地的液化气加工厂,冷却至 $-160°C$ 后使之成为 LNG,再使用 LNG 专用运输船运至日本,到达日本 LNG 基地后,先将 LNG 送入储存罐,然后再将 LNG 还原为气态,最后通过输送管线输送到消费者手中。其中,液化成本、气罐专用运输船的运输成本、在消费地还原为气体的成本等都必须计算在天然气价格之内。由此可见,可以很容易地获得天然气的天然气生产国与远隔重洋的天然气进口国,所付出的成本几乎有着天壤之别。

2013 年日本从卡塔尔购买的 LNG 价格为 16~17 美元,而美国国内天然气价格只有 4 美元,这种差距的鸿沟根本无法逾越。

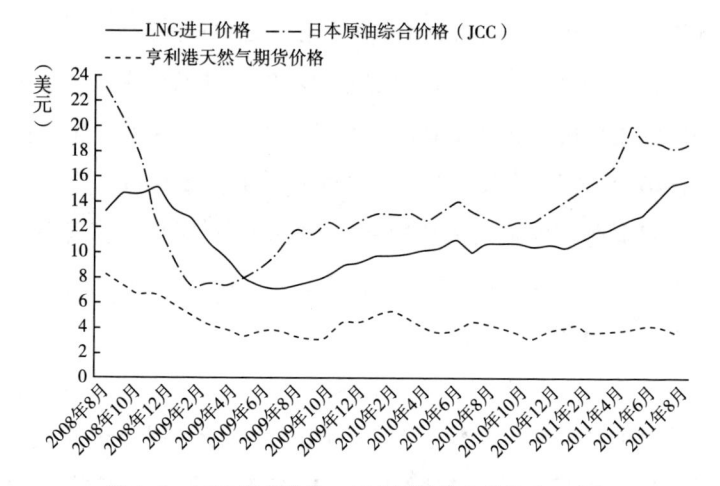

图 1-2　LNG 进口价格、日本原油综合价格（JCC）、
亨利港天然气期货价格的变迁

注：原油的价格单位为"美元 / 桶"。
资料来源：日本资源能源厅《关于石油、天然气的最新动向》。

目前，各地区天然气价格并不一致。日本从卡塔尔进口的天然气价格受到原油价格的联动影响，而欧洲购买天然气的价格则遵照与此完全不同的基准。但无论哪种定价体系，用户购买天然气的成本都很高，无法与页岩气革命之后美国廉价的天然气相提并论。

日本进口更加便宜的天然气

日本期待能够进口美国生产的便宜的天然气。现在已经可以确定，美国将在 2015 年通过得克萨斯州凹点公司（Cove Point）向日本的东京燃气出口天然气，我们期待通过这种努力可以大幅度降低日本的天然气进口成本。虽然现在还没有确切消息，但据传言，从美国进口的天然气价格将在12美元左右，与目前进口价格为16美元的卡塔尔天然气相比，购买成本降幅可达25%。同时，日本从美国进口天然气所获得的益处不仅限于降低进口成本，同时还可以实现进口天然气来源的多元化，从而摆脱对中东地区的过度依赖。这对于日本的能源安全具有不可估量的积极意义。另一方面，日本从美国购买天然气，也将使日本在与俄罗斯进行天然气价格谈判时获得更多主动权，因为俄罗斯曾将向日本出口天然气作为振兴经济的战略之一。

但是，从日本制造业的角度来看，日本和美国获取能源的成本差异过于巨大。美国的天然气价格会随着市场供求关系而出现较大波动，因此无法预知4美元的价格水平能够保持到何时。但是，考虑到供求关系中供给能力相当充裕的现实情况，很多人认为这种较低的价格水平将会维持一段时间。无论如何，天然气生产国与LNG进口国，所处形势完全不同。

美国企业正在回归美国国内

基于以上原因，在此之前曾经离开美国本土在海外建厂生产的美国企业，又纷纷迁回美国国内，其中行动最为迅速的是石油化工企业。

乙烯是生产乙醇、聚氯乙烯树脂、聚乙烯等产品的原料，也是各类石油化工企业的基础性原料。日本石油化工企业曾经垄断了全球的乙烯生产，但是最近中东产油国和中国的石化企业也开始生产乙烯，并成为日本企业强有力的竞争对手，日本企业不得不面对他们的挑战。不过，在全球范围内美国企业仍然是该领域最具竞争力的企业，很多石油天然气化工行业的跨国公司纷纷将生产工厂搬向美国。陶氏化学公司、埃克森美孚、雪佛龙菲利普斯化工有限公司、荷兰皇家壳牌石油公司四家公司，将在2016~2017年相继建成年生产能力达150万吨的乙烯生产线并投入生产。

尤其值得关注的是，这些企业都具有卓越的生产能力，年产150万吨的生产线在世界上首屈一指，修建如此规模的生产线仅仅花了它们两年时间，而且一建就是四条，不得不让人叹服。

表1-1 美国新建乙烷工厂的计划

企业	所在州	计划开工时间	乙烷生产能力（万吨/年）
埃克森美孚	得克萨斯	2016年	150
陶氏化学公司	得克萨斯	2017年	150
雪佛龙菲利普斯化工有限公司	得克萨斯	2017年	150
南非沙索公司	路易斯安那	2017年	150
台塑石化	得克萨斯	2016年	80
荷兰皇家壳牌石油公司	宾夕法尼亚	2017年	—

资料来源：日本政策投资银行《关于页岩气革命》。

日本企业面临巨大商机

当然，日本的化工企业也希望在这场如地壳运动般的激烈变革中获得更多商机，其中以日本出光兴产公司的表现最为典型。2013年3月，出光兴产与三井物产各出资50%在美国设立合资公司，主要生产和销售石油化工基础材料 α-烯烃。对于不太熟悉石油化工行业的人而言，或许会认为石油化学离自己十分遥远，但是实际上石油化工产品在人们身边几乎无处不在。从家电、文具所使用的塑料，到我们身穿的衬衫、毛衣的合成纤维，再到生产轮胎等产品需要用到的合成橡胶，以及人们日常生活中常用的洗涤剂、洗发水、墨水、油漆、药品、肥料等等，几乎已经找不到与石油化工无关的物品了。

而日本国内石油化工产品的生产，几乎全部是以石油或石油的某一成分作为原料的。进口的石油首先被运到石油精炼厂，从中提炼出石脑油。这种像汽油一样透明的石脑油再被运到专门的分解工厂，制成乙烯、丙烯和丁二烯等石油基础产品，再由出光兴产公司用乙烯生产出 α-烯烃。α-烯烃的用途十分广泛，例如，可以制取聚乙烯，用于生产合成树脂的添加剂和洗涤剂的原料。但是利用乙烯生产 α-烯烃的工艺十分复杂，包括日本出光兴产公司在内，全世界只有四家企业掌握了利用乙烯生产 α-烯烃的技术。

"乙烯"是一种从石油中提炼出的油质产物，传统制造工艺是以石脑油作为原料的。如今，美国因页岩气革命而使天然气价格降低到 4 美元，页岩气成为制取乙烯的新原料。用页岩气制取乙烯的成本比用石脑油制取乙烯的成本，降低三分之二。为此，日本出光兴产公司在陶氏化学公司的乙烯生产工厂内设置了 α-烯烃生产车间。这样，其不仅可以使直接购买陶氏化学公司生产的便宜的乙烯，还可以使陶氏

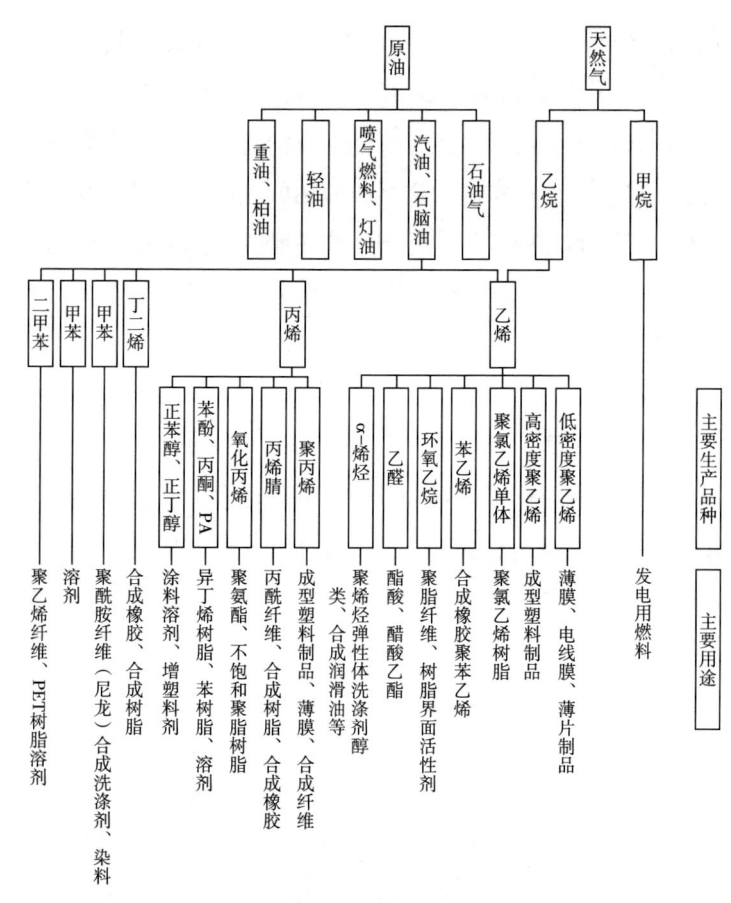

图 1-3 石油化学产品的生产流程

资料来源：日本政策投资银行《关于页岩气革命》。

化学公司成为日本出光兴产公司就地生产的 α-烯烃的购买商。也就是说，日本出光兴产公司以在陶氏化学公司的工厂内设置车间的形式进行生产，既可以获得仅相当于原来价格三分之一的乙烯，同时又可以将自己生产的 α-烯烃直接销售给陶氏化学公司。日本出光兴产公司这种对美出口的新模式反映出,美国的页岩气革命给日本化工业界带来了巨大冲击。其实,日本的化工企业进入美国市场并非从现在才开始,日本的钟渊化学工业公司、信越化学工业公司等,已经凭借他们各自在某些特定领域的高科技能力打入了美国市场。

天然气产品的变化

以石油为原料生产"乙烯"、"丙烯"以及"丁二烯"等"高阶"产品的情况,与上述完全不同。虽然三菱化学公司、住友化学公司等日本高新技术企业是世界上屈指可数的优秀化工企业,但面对美国陶氏化学公司、荷兰皇家壳牌石油公司等实力雄厚的对手,这些日本的"高端"企业或许过去并没有感受到美国市场真正的魅力。

然而,页岩气革命之后,局面发生了巨大改变。便宜的天然气使美国的实力企业纷纷回迁美国国内,并且放弃了以石油为原料生产产品,转为生产以天然气为原料的产品。日本的这些大型石化企业当然没有袖手旁观,它们顺势进入美国,以获取廉价的天然气原料。天然气价格不会一成不变,美国的天然气价格始终随市场供需变化而不断波动,没有人可以保证天然气会一直这样便宜下去。当然,也并非所有的大型化工企业都在向美国投资,尽管如此,页岩气革命带来的廉价天然气还是掀起了一场新的产业革命风暴。

曾经的世界性常识被颠覆了

20世纪90年代末到21世纪初的约10年间，中国借助丰富而廉价的劳动力资源成为"世界工厂"。发达国家的大企业为了寻求廉价劳动力而争先恐后地将生产线转移到中国。日本从20世纪80年代开始也出现过几次对华投资热潮，甚至连一些中小企业也在中国设立了工厂。另外，还有一些为大品牌做委托加工生产的中国台湾企业，借助较为先进的生产技术和中国大陆廉价的劳动力，成长为世界排名前列的大型专业制造企业。

按照20世纪90年代到21世纪初的世界性常识，企业应该将生产基地转移到人力资源丰富且廉价的中国，而页岩气革命使人力资源价格不再是竞争力的决定性因素。对于制造业而言，能源和原料成本已经成为一个国家或企业是否具有全球竞争力的决定性要素。现在，代表世界最先进水平的美国化工企业纷纷迁回美国国内，同时，之前从未进入美国的日本化工企业也开始对美直接投资。这些现象足以真实地反映出，页岩气革命让制造业发生了巨大的变化。美国国内制造业的回暖，也给日本企业创造了拓展业务的大好时机。

第二节 美国为何能凭借页岩气革命再次称霸世界

发达的油气输送管线

根据2013年7月波士顿调查组的调查结果，2012年年末，美国和加拿大共打造了11万口探井开采页岩气。形成鲜明对比的是，北美以外的地区，页岩气探井的总和也不过200口，页岩气和页岩油生产量的99.9%都来自北美地区，因此至少从目前的状况看，页岩气、页岩油的生产主要集中在北美，特别是美国。

为什么美国在页岩气、页岩油生产方面能够领先世界呢？存在几方面原因，其中最为主要的因素在于，美国国土全境遍布着输油管道、输气管道形成的油气输送网络，如同人体全身的血管一样。横跨美国各州的油气输送管道好像动脉和静脉，而美国各州内的油气管道网便是毛细血管。因为美国拥有规模庞大的油气输送设施，只要是美国企业开采的页岩油、页岩气，都可以通过这些输送管道畅通无阻地输送到美国的任何地方，甚至跨境输送到墨西哥和加拿大。

也许上述的分析显得有些陈旧，但这确确实实是其他国家难以匹敌的、美国独有的优势所在。现在中国正在内陆地区进行页岩气开采试验，但是，即便开采获得成功，由于没有完备的油气输送管道，生产的天然气也很难输送出来，因为天然气无法直接远途运输。或许中国可以利用劳动人口多的优势快速建成油气输送管线，但建设费用的叠加也必然造成天然气价格倍增，失去竞争力。

神奇的"油气输送管线分析师"

美国输送管线网大多已经完成了折旧。在页岩气革命之前，为解决国内生产的天然气输送问题，美国在很长的时期内一直致力于油气输送管线的建设。美国拥有完备的油气管线，才得以使廉价的天然气能够输送到国内的任何角落。这是美国占据（页岩气开采）领先地位的关键因素。美国的油气输送管线全长达48万公里，可以绕地球12圈，而页岩气埋藏量最大的中国，油气输送管线只有约4000公里。

我曾经在休斯敦遇到一位油气输送管线分析师，让我感受到美国油气输送管线的强大威力。这位美国人分析师在三井物产的页岩气部门工作，经过事先充分沟通后，我直接向他询问了美国天然气价格的未来走势。

而他的回答却完全出乎我的意料。

他说："我是油气输送管线分析师，无法解答天然气价格的问题。"这个回答让我感到非常费解。

在我看来，以他工作的职位，解答有关能源问题应该是他的专业，而回答与天然气相关的问题更应该是他的强项。但是他作为油气输送管线分析师，竟然告诉我不能回答天然气价格走向的问题，这究竟是什么原因呢？一时之间，我对"油气输送管线分析师"这个职业充满了疑惑。"也许是个特殊的职业吧"，我想，于是我问了他最后一个问题，"油气输送管线分析师是个很特殊的职业吗？"

他笑了笑，说，"在美国有很多油气输送管线分析师"，然后给我展示了一张并未公开的美国油气输送管线分布图，解释道，"过去，美国的石油、天然气都是从产地的得克萨斯州及路易斯安那州输送到消费地的东海岸地区，但页岩气革命使这种输送流向发生了逆转。在纽约地区，随着马萨拉斯、尤蒂卡等纽约近郊地区的页岩气田投入生产，同时也是天然气重要消费地的纽约，便可以就近获得天然气供应。因此，从南部地区向东北部地区输送的天然气流量逐渐减少了"。

从地图上来看，页岩气革命发生之前，美国国内生产的天然气需要通过油气输送管线，从南部的生产地区向东北部的重要消费地区流动，即由南向北流动。但是，自从纽约相邻地区开发出马萨拉斯、尤蒂卡等页岩气田，这里便不再需要从南方购买天然气了。而且，东北部地区生产的天然气还会输送到南部地区，与之前的油气输送方向恰好相反。油气输送管道公司为此不得不投入大量资金，以购置并更换能够按照需求改变输送方向的管道控制设备。

即便如此，美国南部地区生产的页岩气也不会滞销，因为"得克萨斯州的伊格福特气田生产的天然气可以运送到路易斯安那州的精炼厂或者LNG液化工厂，还可以供应给化工厂。而且，墨西哥州对天然气的需求量也在增加。今后，油气输送管线还可能跨越国境，向墨西哥输送页岩气"。

美国南部的伊格福特气田以及巴尼特（Barnett）等地区的天然气产量不断增加，促进了新的油气输送管线建设，新的管线工程又使天然气处理项目以及用于扩大管道天然气输送量的增压泵项目不断增多。

FERC的管理和油气输送管线的增加

那么，美国是如何管理、如何使用油气输送管线的呢？

在美国，跨越各州的油气输送管线都要由联邦能源管理委员会（FERC）管辖。这种由政府出面的管理方式保证了油气输送管线不会被某些特定企业垄断，维护了公平竞争。

美国之所以能够获得页岩气革命的成功，其最大的保障条件在于，美国拥有世界上最复杂、最完善的油气输送管线系统。美国的油气输送管线不仅在物理意义上分布广泛，同时也保持着很高的利用率。那位油气输送管线分析师给我讲解了美国民营企业与联邦能源管理委员会之间的关系。

"所有涉及使用油气输送管线的合同，都必须符合联邦能源管理委员会的规定。

"若某个企业计划进行页岩气开采，首先要按照联邦能源管理委员会的规定与输送管线公司进行谈判。谈判在开采页岩气的企业和经营油气输送管线的企业之间进行，但必须是公开的。这主要是为了防止页岩气开采出来后却没有与之连通的输送管线，导致页岩气不能向外输送。"

但是其依据何在呢？

"当新的页岩气井投入生产时，新的页岩气输送管线也必须建设完毕，以保障页岩气生产源与输送管道的主干线相连接，实现油气输送。油气输送管线的增设与否取决于市场供求，这同时也避免了重复建设。"

一方是页岩气生产企业，另一方是电力公司、天然气化工企业等页岩气的使用者。在双方供需关系的作用下，是需要拓展既有管线还是需要新建管线便一目了然了。同时，无论是拓展还是新建，都可以推动油气输送管线相关设备生产企业和管线建设企业焕发活力。今后若美国实现页岩气出口，就需要建设更多用于出口的输气管线。"从发展过程来看，过去一般由电力公司、燃气公司等使用方修建输气管线，而现在，由于页岩气的开发，页岩气的生产者为了能够将生产的页岩气供应出去，也开始对修建输气管线表现出积极态度。这种变化十分明显。"（美国油气输送管线分析师）

但是，如果认为页岩气革命只能为油气输送管道公司带来商机，那就大错特错了。随着各地页岩气的开发，美国页岩气消费地区和生产地区之间的距离也在不断缩短。从油气输送管道公司角度来看，由于长距离用户的减少，公司收入也必定会减少，为了弥补收入减少的部分，东北部马萨拉斯地区生产的天然气开始向南部地区供应。除此之外，油气管道储运公司正在努力争取新的订单，其中包括配合路易斯安那州和得克萨斯州的 LNG 液化工厂及化学工厂而修建的管线，以及建设出口页岩气必需的油气输送管道等等。

无论是对天然气出售方还是天然气使用方，高效率地利用输送管线都不是一件很简单的事情，必须充分考虑到油气输送管线的建设规划、天然气需求的紧迫程度、联邦能源管理委员会的管理规定以及各州的政策等方方面面。因此，油气输送管线分析师在美国是一个很重要的职业。

美国油气输送管线网络的总长度相当于绕地球 12 圈，不仅仅在物理意义上十分完备，而且还形成了完善的组织结构甚至是社会系统，以确保这个巨大的设施网络可以高效运转。换言之，美国的油气输送管线无论在硬件上，还是在管理软件上，都拥有其他国家不可匹敌的、压倒性的优势，这便是美国页岩气革命能够在全世界独领风骚的关键因素。

拥有巨大的能源消费市场

继确定了从美国进口天然气之后，日本又签订了从加拿大进口页岩气的订单。为实现2018年年底正式开始进口，日本目前正在井然有序地加快建设LNG液化工厂等准备工作。这笔订单可望使日本年进口页岩气量达到800万~900万吨，相当于日本全年天然气进口量的一成。日本从加拿大进口天然气的有利之处在于运输时间只要10天左右，比经由巴拿马运河进口美国天然气的运输时间缩短了一半。同时，加拿大也需要拓展美国以外的市场，因此对亚洲市场表现出极大兴趣。

与美国一样，加拿大也是页岩气开发的先进国家，日本的大型商社已经开始在加拿大进行投资。从丰富日本能源进口来源的意义来看，进口加拿大天然气是十分利好的，又加之有运输时间短的优势，因此有观点认为，从加拿大进口的天然气可能比目前日本从卡塔尔进口的天然气便宜四成。

由此可见，对于日本来说，加拿大产的天然气无疑是不可替代的存在。而我们在谈到"页岩气革命"时，对加拿大抱有怎样的期待呢？每当听到"页岩气革命"，我们首先会想到美国而不是加拿大。的确，加拿大拥有丰富的页岩层资源，也在积极推进页岩气的开发，并且已经获得了一定的成果，享受到了页岩气带来的实惠。但是，页岩气革命所负载的或者说所带来的翻天覆地的产业革命，并没有发生在加拿大。这其中的原因何在？美国与加拿大之间的差异何在呢？两国的差别其实就在于是否拥有一个大量消费能源的市场。作为一个拥有3亿人口、有着世界最大能源消费国之称的美国，不仅拥有一个对廉价页岩气存在大量需求的国内市场，而且需要一个这样的市场。纽约等大都市需要大量的电力供应，再加上世界最大规模的化工企业和汽车企业等，都可以将美国国内生产的页岩气尽数消耗掉。

而加拿大即便能够开采出页岩气，也具备完善的油气输送管线，但由于本国国内对天然气的需求较少，因此加拿大的页岩气生产不能"升华"为席卷整个产业界的"革命"。包括将天然气转换为电力的产业在内，美国国内拥有巨大的能源消费市场而加拿大没有，这是美国与加拿大之间最大的差异。

当然，对于加拿大而言，页岩气的出口也关系到国家利益，但是通过油气管道输送能够直接使用的天然气，与经液化处理后以LNG的形式从国外购入再投入使用的天然气，两者之间的成本相差3~4倍。能最高效率地利用通过油气输送管线供应给国内企业物美价廉的天然气，才是美国压倒性优势之所在。换言之，正是美国国内拥有一个巨大的能源消费市场，才决定了页岩气革命只能发生在美国而不是加拿大。这才是最大的奥秘。

高新技术向南部地区集中

后文中将要提及的水平井钻井法和水力压裂法等，都是非常重要的页岩气开采技术。

然而，这些技术并非新技术。美国得克萨斯州等南部地区早在石油开采时代就已经积累了各个方面的技术，其中当然包括水平井钻井法和水力压裂法等。对页岩气开发倾注了全部热情的乔治·米歇尔对传统的油气开采技术进行了改进，并使之更好地与其他技术结合，最终得以成功地将其应用于页岩气开采，同时，对产量等进行估测的微地震监测技术同样不断得到改良。

美国南部地区正在大刀阔斧地进行能源开发，先进技术也正在向那里集结，其中包括对地形、地质和产量进行预测等技术。基于这些因素，美国才会在页岩气开发领域独占鳌头。

全球领先的人力资源优势

在能源开发领域，那些曾经在美国南部完成了能源开发相关专业学习的技术人员，如今已经成为很多国家和地区能源领域的领导者，活跃在全世界的能源开采现场。得克萨斯大学等美国南部地区的大学，设置了采挖、地质勘查之类的专业性较强的专业，同时还拥有优秀的教授队伍，当然，在这里学习的学生也很多。因此，在人才供给方面，美国同样具有绝对的优势。可以说，美国正在向世界各地源源不断地输送着专业的能源开发人才。

世界上几乎所有的大型石油企业都是美国、英国或者荷兰的公司，这主要取决于利益关系而不是技术，在石油领域,盎格鲁-撒克逊(Anglo-Saxon)人最为擅长。英国曾号称"日不落帝国",而在大英帝国兴起之前,荷兰也创造过属于自己的辉煌时代。在那段历史中,当时的世界霸主们竭尽全力地从世界各国、各地获取资源权益。

当然,在能源领域,英国、荷兰同样也掌握着很多先进技术并拥有众多掌握技术的专业人才,但是与美国相比,专业程度不同。美国的很多大学都直接建在油田所在地区,并根据当地产业的需要设立相关专业,吸引大量学生进入这里的大学学习,为页岩气的开发事业积蓄了丰富的人力资源。

"出身于美国南部的技术人员活跃在世界各地的能源开发现场。以页岩气开发成功为契机,很多技术人员重新回到了休斯敦。他们当初之所以离开,是因为在美国几乎找不到用武之地。但是现在不同了,全世界最先进的能源开发现场就在他们自己国家的南部地区。"

在休斯敦也能听到这样的故事。很多技术人员曾经在美国南部的大学学习,之后又在世界各地的能源开发现场得到锻炼,如今又纷纷回到休斯敦,担负起开发页岩气的使命,成为页岩气革命的旗手。

土地所有者有权拥有地下深层的资源

美国的土地所有权制度决定了页岩气革命只能发生在美国。美国的法律规定,土地之下的页岩气资源也归该土地所有人所有。在美国,土地所有者同时拥有其土地的地下资源权益。只有征得土地所有人的同意，才能开采其所拥有的土地之下的页岩气，因此各能源开采企业为了从土地所有者手中获得开采权必须进行激烈的竞争。很多能源企业为了获得开采权不惜一切代价，因此竞争往往演化成一场金钱的较量。但是，页岩气革命使美国的天然气价格暴跌，很多开采企业因此深陷困境。但即便如此，遵循市场原理展开自由竞争，依旧成为美国页岩气革命的动力之一。

再来看日本。很遗憾，日本的土地所有权制度不支持土地所有者拥有其土地的地下资源。东京、神奈川、千叶等首都地区以及大阪、京都、兵库、奈良等近畿地区，还有爱知、三重等中部地区，都实行《地下深层空间使用法》。法律规定，土地所有者拥有的权益仅仅包括地表以下 40 米内的地下空间。其他地区虽然也在法律的统一管理之下，但是法律并没有明确规定土地所有者拥有地下权益的深度。因此，日本法律以维护公共利益为由，对地表以下资源的所有权设置了诸多限制。

比如，日本的土地所有人在自己的土地上挖井取水的权利是被认可的，但对于其土地地表以下几百米、几千米范围的资源，政府规定属于公共资源而与个人权利无关。所以，即便日本国土之下埋藏有页岩气，但民间的能源开采企业将不得不与中央政府和地方政府进行交涉，否则很难自由地进行开采。

另外，美国南部的伊格福特气田，面积相当于其所在地得克萨斯州面积的十一分之一。这个地区的土地所有者的数量屈指可数，而且多为牧场主。能源开采企业只要与当地的土地所有者签订关于地下资源权益的合同，便可以向地下2000米甚至3000米的深度钻井，开采所得的页岩气归开发企业所有。当然，开发者与土地所有者需要事先协商确定如何分配所获利益。由此可见，美国的土地所有制原则上认可土地所有者的权益范围可以向地表之下无限延伸。这种土地所有制推动页岩气开发迅速走向成功。

另外，对于储藏有页岩气资源的土地深层，日本人总会认为那是"与自家相邻的地方"，并且潜意识中还会认为大家共同拥有资源的所有权，但是美国完全相反。我所看到的伊格福特气田，面积相当于日本四国岛的四分之一，而且土地所有者不足十人。也就是说，那是一片荒无人烟、便宜得几乎等于白送的土地，或者说，相当于四到五个人共同拥有一座金山银山。地大物博且土地主人数量少，无论从时间上还是从成本上，都有利于能源开采企业高效率地获得开采权。

风险投资也集结而来

美国一直具有吸引投资或者说吸引热钱的能力。这里例举一个有代表性的事例，日本是最早开始对iPS细胞（诱导多能干细胞，induced pluripotent stem cells）进行研究的国家。为了使研究成果得到广泛应用，目前京都大学正在努力申请专利。

2012年，诺贝尔生理学、医学奖获得者，京都大学iPS细胞研究所所长山中伸弥教授亲自申请专利，并出于社会责任感希望将专利技术向全社会开放,以使研究成果获得最大程度地推广应用,但遗憾的是,在研究者申请专利并使之广泛应用的过程中,日本企业往往表现得软弱无力。日本不具备让技术领域的风险投资得以成长和发展的文化氛围,虽然日本政府扶持风险投资的意识随着安倍的上台有了一些变化,但是出资方依然显得谨小慎微。

投资技术领域需要有相当大的魄力。即使投资那些非常有吸引力的技术,也需要 5~10 年甚至 20 年的时间才能获得收益,而且也并非所有的投资都会获得理想的回报。换言之,对于很多年都可能不会有一分钱销售额的公司,需要有风险投资心甘情愿地为其注入几亿元甚至几十亿元的资金。如果没有这种社会环境,技术领域的风险投资就不会出现。

在技术领域的风险投资环境方面,日本与美国之间存在巨大差异。例如,医药品的开发不仅需要巨额资金,还需要长时间投入,因此越来越多的大型制药企业为了加快药品开发速度而开始收购生化企业,导致一些生化企业的风险投资者将研究成果甚至企业出售给国外。但是,在医药品研发的世界,每一项成果都需要克服无数困难。创业简单,但如何在取得成果之前的那段漫长的岁月里,让企业生存下来才是最大的难题。风险投资界一般称企业完全没有收入的那段时期为"死亡之谷",越过"死亡之谷"是风险投资获得成功的关键。

美国西海岸有著名的硅谷,苹果、亚马逊和甲骨文等公司都诞生于硅谷。这里集中了全世界的热钱,硅谷的风险投资家们以"几乎所有的创业都会失败"为前提不断坚持投资。他们认为，投资的10个企业中如果有1个成功了，那便是成功。然而，日本的情况不同，虽然最近情况有所改变，但基本上"君子不立危墙之下"的思想依然是主流。在日本，独立的风险投资企业很少，大部分是银行、证券公司的附属公司，而作为附属公司，每年的收益状况直接关系到经营团队的绩效评价。所以，日本的风险投资依然处于较低水平，因为他们不会将资金投给那些在"死亡之谷"里苟延残喘的企业，而会一窝蜂地将橄榄枝伸向那些已经越过了"死亡之谷"的、守得云开见月明的、即将成功上市的公司。

美国拥有完备的投资体系

好不容易有一个在日本完成的诱导多功能干细胞研究，却可能会被欧美企业捷足先登，率先将其技术应用于市场。美国国家卫生研究院（National Institutes of Health，NIH）等机构从事医疗领域的风险投资，会快速决定对那些有希望的民间研究进行投资，尽管这会冒很大的风险，但这可以形成一种示范效应，民间的风险投资企业也会紧随其后投入大笔资金。

美国集中了全世界最尖端的技术，同时还有完善的投资体系，因此高新技术企业更容易在美国成长起来。据说现在的山中伸弥教授每个月都会有半个月时间生活在美国。旧金山的美国国家卫生研究院附近有很多风投企业，这些企业大都与美国国家卫生研究院相关。因此可以相信，在将iPS细胞的研究成果转化为应用技术上，美国必定会走在世界前列。集中了最高新的技术，有完善的投资体系，可以说，美国实际上掌握了全世界的投资力量。

同样，在页岩气开采领域，美国有能力筹措资金用于支持相关的设施建设和设备建造。也正因为此，日本的企业才可以安心地将资金投向美国。

热钱之所以竞相涌入美国，当然是因为美国的投资风险相对较低。雷曼危机过去几年后，很多人认为21世纪将会是新兴国家的时代，因此有大量资金涌向中国、印度、越南等新兴国家。但是一些投资环境的缺陷成为巨大的掣肘，不少项目深陷其中而无法顺利展开。在这些国家进行投资，投资方必须拥有非常强大的技术优势和经营能力。总而言之，要想轻松愉快地投资，在中国面临的风险还是过大。

而美国的投资风险低于世界上其他任何一个国家。当然，美国也并非善人国度，关系到国家利益时也会让很多外国企业感到无奈。尽管如此，美国堪称坚守"法治"这个民主主义大原则的典范。在美国，不必为那些在新兴国家常见的问题而烦恼，企业可以集中精力做好自身的经营。因此可以说，美国是适合日本企业进行投资的国家。

努力规避海外投资风险

追溯历史可以发现，能源开发始终与投资风险相伴相随。20世纪，世界的能源中心在中东地区，日本各大商社和石油企业争相投资中东。当然我们也不能忘记，在投资过程中也出现过一些不尽如人意的事情。例如，三井物产曾经因为伊朗革命而几近破产。

1989年，日本在伊朗投资石油化学项目（IJPC）失败，从中可见企业冒险投资开拓事业的艰难。日本在伊朗投资的石油化学项目，是由日本三井物产在伊朗投入7300亿日元巨资建设的大型项目。在项目建设即将完工的1979年，伊朗革命爆发，而且第二年又爆发了伊朗、伊拉克战争。随着战事日益升级，日本在伊朗的石油化学项目成为袭击的目标。1981年，日本三井物产不得不决定撤出该项目。在俄罗斯，日本三井物产与三菱商事共同投资的项目也遭遇到匪夷所思的压力。2009年3月，石油、天然气开发项目"萨哈林2号"正式投产。该项目是在普京首次当选总统之前的叶利钦时代，由三井物产和三菱商事共同出资建设的。但是在普京当选俄罗斯总统后，俄罗斯的资本主义化进程遭遇急刹车。普京已经觉察到与俄罗斯国家利益休戚相关的能源工业快速民营化所带来的巨大危机，于是调整了有关能源工业的政策，将能源开发的决定权置于自己的总统权限控制范围内，而且当时俄罗斯的政治体制已发生了天翻地覆的变化。尽管相关人员根据项目的收益情况评估曾经评价这个项目为"一次不错的投资"，但是，在这一系列的变化之后，日本三井物产和日本三菱商事在"萨哈林2号"项目上拥有的权益被俄罗斯全部购回。"萨哈林2号"项目的遭遇再次印证了投资能源的艰难以及向能源国家投资要面临怎样的风险。

但是投资美国的情况完全不同。

而且美国还建立了新的、完善的投资机制，对页岩气革命起到了重要的推动作用。

新的投资机制被称为"业主有限合伙"（Master Limited Partnership，MLP），旨在鼓励为建设能源基础设施而筹集资金，以解决油气输送管线、LNG液化设备等基础建设工程需要投入巨额费用的问题。同时，该机制还对如何分配这些设施所产生的权益进行了规定，在形式上类似房地产投资信托（REIT）。房地产投资信托是一种金融商品，但不是投资上市的房地产股票，而是投资房地产公司所拥有的大量商用楼盘，从这些商业楼盘的租金中获取利润。这种金融产品上市后，与普通证券一样会有价格的涨落。业主有限合伙并不是新的投资形式，但在能源基础设施建设的投资中发挥了巨大的作用，并恰好完美地支持了页岩气革命。

第三节　美国的存在感迅速增强

前所未有的状况

之前，世界制造业企业为降低人工费用大多会不断搬迁工厂，这同样也是日本制造业企业发展所经历的历程。但是，美国在页岩气革命后，其制造业企业在何处建设生产工厂的决定性因素，已经不再是人工费。美国的制造业企业主在确定生产据点转移的方向、评估是否需要转移生产据点时，将能源和原料成本与人工费视作同等甚至更为重要的条件。当然，这种倾向之前也存在，但并未表现得像现在这么明显。比如，很多石油化工企业在中东产油国设立生产基地，正是因为在油气生产国内进行生产可以降低原料成本。当然，投资风险以及生活习惯等因素也是需要考虑的。但是作为发达国家的美国，如今可以在本国国内获得比中东地区更低价格的油、气。因此，20世纪曾经众所周知的常识被颠覆了。

从亚洲的现状来看，一方面，拥有发展潜力巨大的消费市场是投资的前提；另一方面，人工费用依然是判断一个国家或地区是否具有投资价值的重要因素。不过，曾经被称为"世界工厂"的中国，其作为投资目的地的吸引力正在剧减。

根据瑞穗（MIZUHO）综合研究所的调查结果，"中国制造业工人的平均月工资，除了受世界金融危机影响的2009年之外，最近几年的增长速度平均达到两位数，五年间上涨到原来的2倍"（2012年2月6日瑞穗调查）。

这种增长趋势持续到了2013年。波士顿咨询公司（BCG）于2013年5月发表的调查报告显示，中国的平均工资以每年17%的速度上涨，到2015年将会达到美国平均工资水平的44%（2010年相当于美国的31%）。虽然美国的工资水平依然高于中国，但差距的确正在缩小。页岩气的大规模生产使美国制造业成本大幅度降低，同时，美国还是一个遵守法律秩序的国度，因此，美国的工业生产环境具有其他地区无法比拟的优势。路透社曾报道，"负责波士顿咨询公司调查项目的哈罗路德萨金指出，'根据制造业状况来判断经济形势可以看到,美国国内的经济发展将迎来越来越好的局面'。波士顿咨询公司认为,由于众多企业将有竞争实力的生产基地落户美国,美国在未来 10 年中将会创造出 300 万个雇用机会"。因此可以相信,美国将会在某些领域取代中国而成为"世界工厂"。

美国正在成为全球投资的目标

很多观点相信美国的影响力正在加强,一个重要的判断依据便是全球投资指向。如果单纯从制造业的投资情况来看,传统上是从发达国家流向新兴国家,新兴国家能否获得发展,完全取决于能否从海外吸引到投资。新兴国家虽然拥有人力资源和土地资源,但往往资金不足,因此会制定优惠的投资政策以吸引来自发达国家的投资,以推动本国经济的发展,中国是最典型的例子。中国自 20 世纪 70 年代末实行改革开放以来,利用极为低廉的劳动力价格吸引了很多发达国家的企业进入中国。最近 10 年以来,中国又利用 13 亿人口的人口红利,进一步获得了大量的对华直接投资。

新兴国家具有相似的特点,都希望利用海外投资来推动本国经济的发展,东盟(ASEAN)各国也呈现出类似的特征。随着外国投资规模的扩大,新兴国家的经济规模也会迅速扩大。但历史的教训也是深刻的,当 1997 年亚洲经济危机爆发时,国外投资快速逃离,导致新兴国家的经济一落千丈。

2013 年 5 月,美国联邦储备委员会(FRB)主席本·伯南克(Ben Bernanke)在谈到宽松货币政策时曾指出,当全

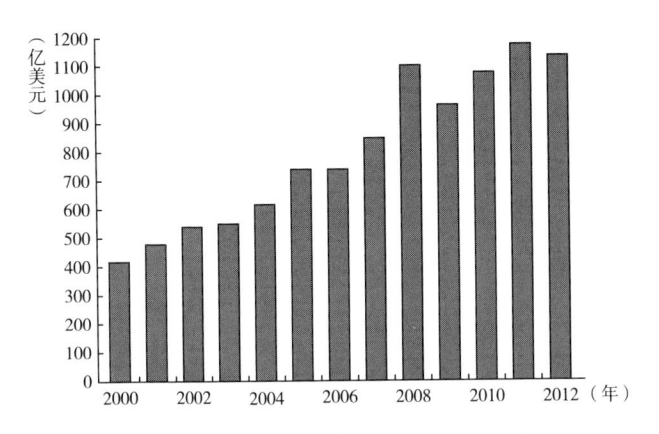

图 1-4 世界各国对华直接投资情况一览

资料来源：中国商务部《中国投资指南》(2001～2013年)。

球投资家将资金抽离新兴国家时，这些国家就会出现本国货币被抛售的局面。

自 1998 年金融危机之后，东盟各国开始致力于加强东盟内各成员国之间的合作，希望借此摆脱投资热钱的控制。合作的内容不仅包括区域内免除关税，还包括消除成员国之间存在的非关税性贸易壁垒，同时还提出"亚洲高速"的设想，在东盟各国之间修建一个高速公路网。目前从中国南部到越南南部的南北走廊和从越南到印度的东西走廊已经基本完成。这不是政治家及官员们惯用的形式主义，而是东盟内部为实现经济一体化长期战略而实施的实际行动。即便如此，由于美国超宽松货币政策不断成为市场关注的焦点，东盟各国国内担心本国货币被抛售、国外资金被撤离的忧虑至今都未能得以消除。

投资是经济增长的动力，这一点并非仅仅适用于新兴

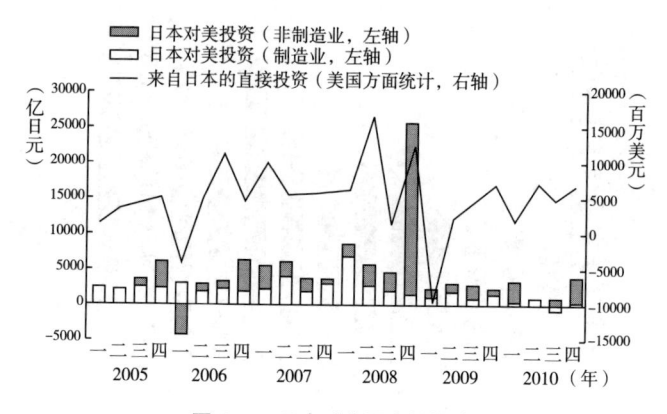

图 1-5　日本对美国直接投资

注：一、二、三、四指第一、二、三、四季度。
资料来源：日本银行国际收支统计；United States Department of Commerce, "Foreign Direct Investment in the US: Country and Industry Detail for Financial Inflows"（各年版）。

国家。总而言之，无论以何种形式，将海外资金吸引到本国来，都是任何国家实现经济增长的关键。

美国也不例外，同样也会因为国外投资的流入而使本国经济焕发活力。但美国的情况又不尽相同，因为美国拥有很多有吸引力的投资领域，正在诱使海外的风险投资大举投入资金，硅谷便是其中的典型。这里作为 IT 革命的发祥地，至今还会涌现出大批具有创新精神的创业者，他们的创新项目也引来了大量的投资。

现在，美国又出现了一个与硅谷同样具有吸引力的投资目标，即与能源相关的商业机会，其中包括页岩气开采设备、用于输送页岩气的管道、LNG 液化设备等基础设施的建设，另外还包括以页岩气为原料的石油化工项目等，因此吸引了全球大规模的投资。以前，几乎所有人都认为应该向新兴国家投资，而现在，美国成为最有魅力的投资对象国，一个新的时代来临了。

第四节　页岩气、页岩油的基础知识

什么是页岩气、页岩油

所谓页岩气、页岩油，是指埋藏在地下数百、甚至数千米的页岩层中的天然气和原油。这种天然气和原油的开采不同于传统的油、气，因此被视为"非传统能源"。

页岩是一种像油墨一样的黑色泥质岩，由一亿几千万年前的藻类和浮游动物的遗骸受压力作用形成。这种岩石可以生成地球上所有石油、天然气的主要构成成分——石油类碳化氢，因此也被称为烃源岩。在漫长的时间里，页岩中蕴藏的石油和天然气的一部分发生转移，偶然条件下聚集到某一地点，于是就形成了现在世界上的油田、气田。在这些油田气田上，只要垂直挖掘竖井，传统能源中的石油或天然气便会形成自喷，开采比较容易。

可是页岩气、页岩油这种非传统能源埋藏于地下深处坚硬的页岩中，因此开采时需要很高的技术。也正是由于这个原因，美国虽然很早之前就了解了页岩气、页岩油的埋藏情况，但一直难以实现正式开采。直至1990年以后，美国终于掌握了开采技术，才开始了页岩气的大规模开采。随

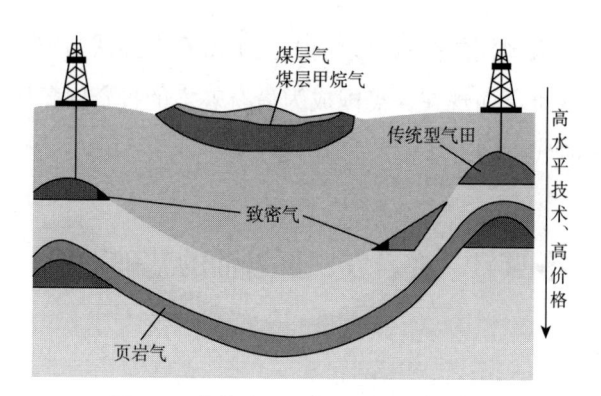

图 1-6　非传统型页岩气的埋藏状况示例

资料来源：根据美国地质勘探局（USGS）资料制作。

着相关技术的应用，页岩油的开采也从 2008 年开始步入正轨。

页岩气、页岩油并非特殊物质，其与传统的石油、天然气成分相同。而且，页岩气的主要成分是烷烃（90%以上），与 LNG 相近。

一般而言，能够开采页岩气的页岩层也可以开采页岩油。因此，很多情况下可以在开采页岩气的同时对页岩油和轻质液化气进行开采，当然，不同产品所占比例不同。

如何开采

开采页岩气、页岩油，必须掌握"水平井"、"水力压裂"和"微地震监测"三项技术。其中"水平井"和"水力压裂"技术之前已经存在，并不是新技术，但经过诸多改良，与"微地震监测"技术配合后能够经济地将深埋于地层

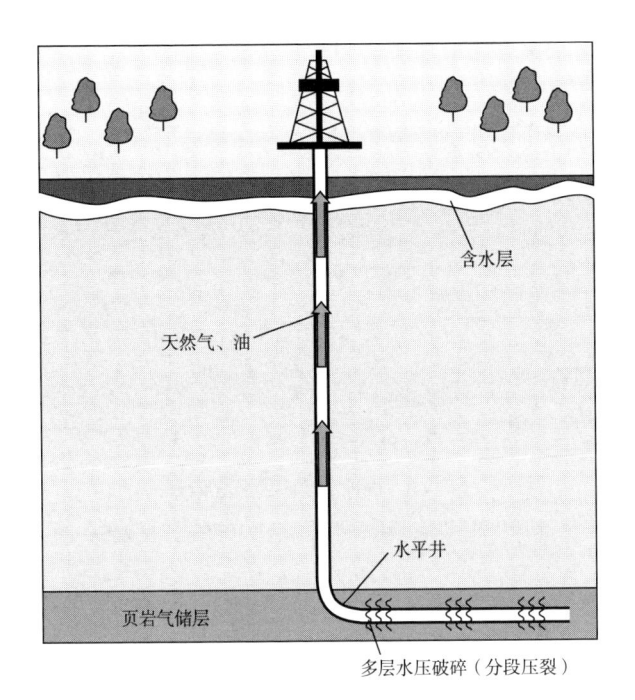

图 1-7　页岩气、页岩油的开采方法

资料来源：根据美国地质勘探局（USGS）资料制作。

深处坚硬的页岩层中的页岩气、页岩油开采出来。

（1）水平井技术

水平井技术是指向地下垂直钻井，到达页岩层后，使无缝管道呈 L 状弯折后继续沿水平方向延伸。首先，垂直向地下掘进到 2000~3000 米深处的页岩层后，再沿页岩层方向水平掘出长约 1000~2000 米、直径 2~3 米的水平井。与传统的天然气田、油田那种垂直探井技术相比，这种水平探井与天然气层的接触面积增大，能够大大提高能源开采的效率。

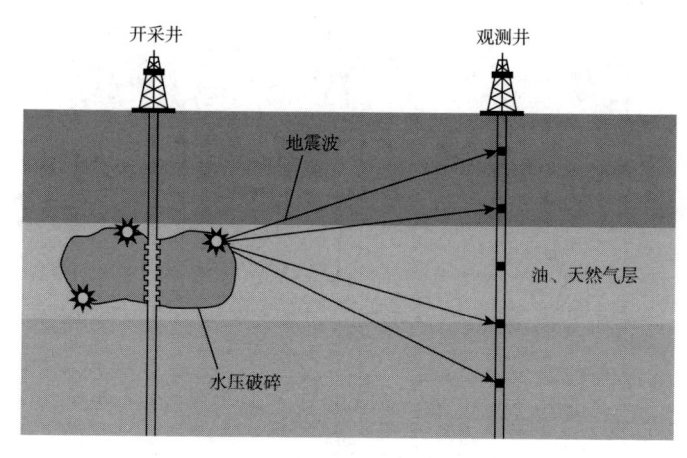

图 1-8　微地震监测的概念示意

资料来源：根据国际地震预报委员会（ICEP）资料制作。

（2）水力压裂技术

水力压裂技术是向页岩层注入高压（500~1000 个气压）水，使得岩石出现裂缝（断裂），从而使页岩中的烷烃分子被释放出来。页岩气的主要成分烷烃分子直径约为一百亿分之一米，被封闭在页岩层约十亿分之一米的空隙中，因此通过注入高压水使页岩产生一千万分之一米的裂层，烷烃分子便能够被释放出来。

但是，这里提到的水，并非一般意义上的水，而是一种加入砂粒状的物质（石英砂或陶粒）并融合了数种化学物质的胶状液体，还包括润滑剂和防腐剂等成分，其中最重要的是石英砂（或陶粒）。这些混入的物质可以防止裂缝闭合，确保烷烃分子可以顺利地被释放出来。换言之，这种技术是将石英砂或陶粒附着于页岩层的裂隙中，以保证足够的开采时间。

(3) 微地震监测法

在开采过程中，控制产量极为重要，为此需要使用微地震监测技术。首先要测量地下页岩出现裂隙时发生的地震波（P波、S波）和震动，然后利用计算机收集数据并进行分析，以了解页岩层中裂隙的分布情况。采用该技术，可以在地表掌握地下的页岩层裂隙规模及状况，提高开采效率。

埋藏地点与储藏量

页岩气和页岩油在世界各地分布广泛，储藏量也十分巨大。但埋藏量究竟有多少呢？根据2013年6月10日美国能源信息署（EIA）公布的报告可以获得大致信息。

据美国能源信息署报告，全世界页岩气总储量（从技术角度上可以开采到的储藏量）约为7229万亿立方英尺[1]（约合207万亿立方米）。从国别分布来看，中国储量最大，达1115万亿立方英尺；阿根廷居第二位，约802万亿立方英尺；阿尔及利亚第三，约707万亿立方英尺；美国位列第四，约665万亿立方英尺。加拿大、墨西哥、澳大利亚、南非、俄罗斯等国都拥有丰富的页岩气储藏量。

值得注目的是，率先掀起页岩气革命的美国，页岩气储藏量只占世界总储量的9%，可见全球页岩气资源之丰富。

如此丰富的页岩气资源极大地拉升了世界天然气储量的数据，加上作为传统（型）能源的天然气，全世界天然气储

---

[1] 1英尺=0.3048米。——译者注

量达1亿亿5583万亿立方英尺。随着页岩气探明储量不断增加，全球天然气资源的探明总储量可望增加47%。

全球页岩油探明总储藏量（在技术上可以开采的储藏量）为3450亿桶，分布地区十分广泛，其中俄罗斯的储藏量为750亿桶，列世界第一；美国储藏量为580亿桶；中国储藏量为320亿桶；阿根廷储藏量为270亿桶。并且，在地质年代较新、对页岩油的储藏量本不该抱有太多希望的日本国土上，秋田县由利本庄市正在进行页岩油实验性开采。

传统原油的全球总储藏量为30020亿桶，若加上页岩油的储藏量也仅会增加11%，增幅远远不及页岩气储藏量对天然气总储藏量的贡献度。与开采页岩气相比，开采页岩油的技术要求更高，除美国以外，其他国家目前尚未掌握足够的开发技术。今后，随着页岩气、页岩油革命的不断推进，页岩油的开采技术也一定会不断提升，探明可开采的储藏量也必定会迅速增加。

总之，之前被认为不可能开采的页岩气、页岩油，今后都会成为可以开采的资源，人类可以利用的资源将会不断增加。当然，这些发展又会影响能源价格，推动国家财政、经济、产业结构发生变革，而且还会导致世界能源市场版图发生改变。页岩气、页岩油所潜藏的巨大威力，甚至可以改变世界各国的传统价值观和社会制度。正因为此，才会将页岩气、页岩油的开发称为一场"革命"。

第二章
页岩气革命将如何惠泽日本

第一节　天然气时代到来了！

证券牛市使美国企业再次振兴

雷曼危机发生之后的 2009 年，企业股票总市值的世界排名发生了戏剧性的变化。之前位列世界前十的美国企业排名大幅度下降，取而代之的是快速成长起来的中国企业，其中包括中国石油天然气集团、中国工商银行、中国移动通信、中国建设银行，而留在十强中的美国企业只剩下埃克森美孚、微软、沃尔玛、陶氏化学公司四家公司。

到了 2013 年 9 月，情况为之一变。美国企业几乎占据了世界十强的全部席位，苹果、埃克森美孚、谷歌、伯克希尔·哈撒韦、微软、强生、沃尔玛、通用电气、雪佛龙等九家公司位列其中，而中国的中国石油天然气集团只保留了第十的位置。

世界十强企业中美国企业占据九席,经济学家们解释说,"最大的原因在于廉价的页岩气和证券市场股价高涨"。廉价的页岩气使得美国的制造业触底反弹,并激发了市场消费热情。证券市场回暖与页岩气革命两者之间相辅相成。

表2-1 企业市值(时价)全世界排行榜

2009年(9月6日)

排名	企业	国别
1	中国石油天然气集团	中国
2	埃克森美孚	美国
3	中国工商银行	中国
4	微软	美国
5	沃尔玛	美国
6	中国移动通信	中国
7	汇丰集团	英国
8	中国建设银行	中国
9	巴西国家石油公司	巴西
10	陶氏化学公司	美国

2013年(9月6日)

排名	企业	国别
1	苹果	美国
2	埃克森美孚	美国
3	谷歌	美国
4	伯克希尔·哈撒韦	美国
5	微软	美国
6	强生	美国
7	沃尔玛	美国
8	通用电气	美国
9	雪佛龙	美国

续表

排名	企业	国别
10	中国石油天然气集团	中国

资料来源：*The Economist*, Sep. 21st, 2013。

重返世界前十的通用电气公司是全球著名的、最大的综合企业，旗下不仅包括各种与能源相关的业务，还包括飞机引擎、高端医疗器械、环保设备制造等，同时还涉及金融业务，是全球规模的跨国公司。曾经担任通用电气公司董事长兼首席执行官的杰克·韦尔奇是一位传奇式的人物。

韦尔奇的继任者杰夫·伊梅尔特指挥通用电气公司这艘巨轮驶出了雷曼危机的暴风骤雨，如今又带领公司实现了惊天大逆转。前任董事长韦尔奇以金融业为支柱为通用电气公司打造了黄金时代，但也正因为此，其在雷曼危机中遭受了致命重创。与前任董事长不同，伊梅尔特下决心摆脱过度依赖金融业务的局面，带领通用电气公司开始了继IT革命之后的又一次产业革命，将公司的制造业带入一个崭新的发展阶段。

"制造业互联网革命"才是伊梅尔特剑锋所指。

具体而言，"制造业互联网革命"是指将全球正在运转的几百万台产业机械、医疗器械以及飞机、车辆等设备的感应数据，通过互联网络汇集成大数据库并对其进行分析，以此促进全球产业的进步。

制造业呈现崭新面貌

世界各国的发电厂大量使用了通用电气公司制造的天

然气压缩燃烧炉，穿梭于世界各地的飞机也大多使用通用电气公司生产的引擎。通用电气公司的业务横跨全球电力、航空、医疗、铁道、能源等广泛领域，制造了上百万台机械，其中包括CT（电脑断层摄影）等高科技医疗设备、铁路车辆、石油和天然气勘探开发机械等。通用电气公司在这几百万台机械上都安装有感应器，通过IT企业将感应器得到的产业数据进行分析。今后，作为机械制造商的通用电气公司将与互联网完美融合，创造出制造业前所未有的发展模式。

2013年10月，通用电气公司董事长伊梅尔特为参加日本经济新闻社主办的世界经营者论坛而访问日本。其时，他对这种新的发展模式进行了阐述：

"制造业互联网和产业互联网，是将资产等物理意义上的世界与物流配送的世界融为一体。通用电气公司将成为以基础材料生产、机械设备制造为主，同时兼具线下与线上业务的公司。今后，其他企业也同样会向物联网的方向发展。"

机械设备生产企业与互联网结合，使制造业与数据分析一体化，可以更好地满足顾客需求，提高生产效率。

"我们在自己生产的压缩燃烧炉、喷气式引擎、MRI（磁共振成像）等机械设备上安装有感应器，能够将这些机械传感器持续传出的数据收集起来并进行分析。但独立从事数据分析的公司今后将不再存在，我们这些制造业企业必须建立起物联网并且对大数据自行进行分析。"

产业大数据的管理和分析

那么,产业物联网是怎样一种网络?伊梅尔特董事长以通用电气公司主要业务之一的航空器引擎制造为例,解释说:"我们生产的喷气式引擎,耗油量如果能降低1%,便意味着客户将会获得30亿美元的收益。这并非完全由现实的产品经营产生,而是通过对日常收集的引擎数据就如何飞行才能节省油耗、应该采用何种频率、如何着陆等课题进行模拟分析才能实现。企业将这些现实问题与物联网结合为一体,以提高竞争力。"

很多与通用电气公司有业务关系的人士都认为,通用电气公司真正的竞争对手是IBM(国际商业机器公司)。当然,与通用电气公司一样,很多企业在自己制造的机械产品上安装传感设备,并通过收集传感器传回来的运转数据进行管理。可关键在于,通用电气公司已经开始自行对收集的庞大的产业数据进行分析,而不再委托IBM之类的互联网专业企业。产业数据不仅数量庞大,而且十分复杂,对产业大数据进行切实的管理和严密的分析,将成为通用电气公司未来发展的巨大动力。

通用电气公司的业务大体分为五个方面,其中包括发电设备、石油天然气、航空器引擎、医疗器械、车辆制造等领域。通用电气公司生产的数百万台的各种机械设备在世界各地运转着。通用公司通过物联网的数据分析系统,对这些机械设备传递回来的海量数据进行集中管理和分析。伊梅尔特董事长亲自与硅谷年轻的创业者们进行沟通、协商和合作,创建了将信息和互联网以及机械设备结合在一起的工业互联网。

"我们可以对装配有感应器的各种机械设备进行实时跟踪监测,通过这种服务,使用户避免偶发故障带来的困扰,进一步提高生产效率。我们对机械设备的性能进行监测、预测和改善,借助互联网的力量,可以为航空、铁路和发电厂等企业的高效率运转提供保障。"

但实际上,从规模、数量、速度、安全、规则等方面对产业大数据进行分析是非常复杂的,而通用电气公司希望自己向客户提供的服务不仅能够提高生产效率,还能够将故障的发生概率降低到最低水平。为此,其开发了一种名为"Predix"的云操作系统,这种操作系统能超越产业的特殊性,以普遍的分类标准对产业大数据进行分析。据说通用公司即将完成产业机械故障预测系统的建设,将帮助用户企业进一步提高生产效率。自 2013 年 10 月至今,通用电气公司已经向客户推出了 24 项相关服务。

为能源公司提供解决方案

举一个实例。2013 年 11 月开始投入使用的"System 1 Evolution",是通用电气公司专门为能源开发公司设计的解决方案。通用电气公司对该方案是这样介绍的:"该方案可以帮助能源开发企业实现对石油、天然气开采和精炼所需要的所有机械、设备、车辆等进行远程监控,还可以监测机械设备内部的损耗、破损,并改善维护计划和管理状况。'System

1 Evolution'系统自 2013 年 11 月开始投入使用,康菲石油公司已经成为该系统的使用客户。"

康菲石油公司与埃克森美孚和雪佛龙公司并列为美国三大石油企业。康菲石油公司是该系统的第一位用户,通用电气公司介绍了系统的使用效果,"收入增加,维护费用减少,库存费用降低,故障发生率为 0,业务管理费用大幅度减少"。在能源生产的第一线,高度智能化的管理系统已经成为企业管理追求的目标。

通用电气公司引领页岩气革命

伊梅尔特董事长在给通用电气公司的股东们发送的股东大会邀请函(2013 年)中附有经营报告。报告称,"通用电气公司将引领页岩气革命。……我们将成为页岩气革命的引领者。我们深信,在今后数十年中,美国(以及其他地区)能源业界的竞争格局将因页岩气等新型能源的开发技术而发生变化。美国是世界上发电成本最低的国家之一,将来或许会成为能源出口国。另外,铁路运输等高耗能行业所使用的能源由柴油转换为天然气的可能性,也并非完全不存在。北美地区实现能源独立的梦想,似乎近在咫尺。通用电气公司通过推进天然气和石油的相关业务,向页岩气发电以及页岩气输送等领域进军,我们将会发展成综合性的巨型能源公司"。

向日本企业抛出的橄榄枝

2013 年 10 月,伊梅尔特董事长来日本参加日本经济新闻社主办的世界经营者大会时，曾经将自己对时代的认识概括为"Age of Gas"。

随后伊梅尔特董事长访问了中国。在中国，伊梅尔特董事长演讲的题目是"China's Age of Gas"。

通用电气公司相信页岩气革命是时代进步的基础，因此希望成为继产业革命、IT革命之后的第三次革命[①]的推动者。页岩气革命在美国国内创造出新的产业基础，与通用电气公司将制造业与互联网深度融合的战略，其实是在同一条轨道上。而这个时代的大趋势，也为日本制造业提供了无限商机。

其表现之一：通用电气公司非常罕见地向日本抛出了橄榄枝。

2013年11月，通用电气公司负责美国以外所有区域经营事务的约翰·赖斯副董事长访问日本。在坐落于东京赤坂的通用电气公司日本总部，举办了题为"Japan Is Back"的研讨会。在这场研讨会上，赖斯副董事长发表了激情洋溢的讲话。事实上，这次研讨会已经不是一个简单意义上的讨论会，而变成了一场延续到2014年的推广会。

通用电气日本公司有关人士说，"通用电气公司多年来第一次如此关注日本，在推广工业互联网的过程中，通用电气公司与拥有高端技术的日本企业之间展开合作是不可或缺的"。

---

① 即页岩气革命。——译者注

这也充分表明，对日本制造业的价值评价在迅速提升。

第二节　页岩气革命需要日本的技术

堀场制作所收购了卡梅隆国际公司的计量监测设备部门

在日本京都举行的一次小范围企业家聚会上，我有幸受邀介绍一些有关页岩气革命的情况。在近一个小时的时间中，我一边展示页岩气勘探开采现场的照片一边讲述。没想到与会者当中，竟然有人对页岩气革命的现状十分了解，并且还非常清楚当前美国得克萨斯州犹如一场21世纪的淘金热般的情况。这个人便是堀场制作所的董事长堀场厚先生。堀场厚先生曾经亲赴休斯敦，他切身体验到了"Age of Gas"（天然气时代）的到来。他说：

"虽然同是美国境内，但得克萨斯州的情况与其他地区的情况完全不同，这里一派繁荣景象。休斯敦郊外甚至出现了建造豪华别墅的热潮，在加利福尼亚价值数亿日元的豪邸，在休斯敦郊外只需4000万至5000万日元即可建成。这里的高级餐厅也终日顾客盈门。"

卡梅隆国际公司是一家从事石油、天然气开采和精炼设备制造的公司。2013年3月，堀场制作所收购了卡梅隆国际公司下属的一个专门制造用于生产精炼乙烯的监测设备的子公司。

堀场制作所本身是依靠生产用于天然气的分析检测仪器和设备起家并发展起来的。其中一些分析仪器用于含天然气的石油精炼、石油化工设备。在该领域，堀场制作所占日本国内市场份额的七成。而卡梅隆国际公司的业务范围不仅限于分析监测设备，同时还包括向用户提供分析监测设备的保修服务和管理指导。堀场制作所希望通过这次收购进一步提升业绩。

只有拥有技术优势的公司才能生存下去

堀场制作所在欧洲市场的销售额要高于美国市场，但随着页岩气革命的推进，美国对新设备的投资将不断增加，这给堀场制作所的美国市场带来新的巨大商机。可以预见，堀场制作所通过此次收购与美国用户建立了联系，未来一定能够扩大其分析监测仪器在美国的销售份额。

堀场先生在谈到技术力量的实质时这样说：

"只有拥有技术优势的企业才能生存下去，这就是现实。"

对于"技术"，日本国内普遍存在误解。自雷曼危机之后，日本的制造业整体面临严峻形势，手机、电视等数字家电产品首当其冲，市场份额受到来自韩国、中国的产品的挤压。很多日本人已经感觉到仅仅依靠技术优势无法在竞争中立于不败之地。但是，堀场先生却并不认可这种观点，他说：

"绝对的技术优势保障绝对的竞争力，这是全球市场竞争中制造业企业所面临的真实状况。"

堀场制作所生产的分析监测仪器可以应用于对汽车尾气

排放、大气污染、水质污浊等的监控，以及产品制造过程中品质的管理和医疗机构的临床诊断等领域。由于其产品拥有世界领先的技术优势，所以在市场上具有不可替代性。堀场先生坚信，"技术领先是企业发展的动力，企业也正因为拥有出类拔萃的技术，才能向市场提供有竞争力的产品"。

在信息战中败北的日本制造业

堀场先生对日本制造业的批评令人深思。

"日本无论在技术上还是在人才上，都拥有较大的优势，唯独在信息方面令人失望。"

日本制造业发展动力不足，并非由于技术落后或者人才不足，而是因为未能赢得信息战的胜利。目前，日本的技术和人才品质都保持较高水平，但是企业的高层管理者缺乏收集相关信息的能力，这才是真正的问题之所在。事实证明确实如此。

美国能源形势的改变，使美国制造业发展的基础也随之发生变化。在这样的时代背景下，企业的高层管理者必须认真思考自己的企业将会遭遇怎样的冲击。而日本的企业文化导致很多企业循规蹈矩，不喜欢创新，不喜欢改革，因此，高层管理者也很难获得最新的准确信息。

来到美国得克萨斯州西部的伊格福特油田，我能感受到这里有着19世纪加利福尼亚淘金热般的氛围。"Age of Gas"到来了，正在为日本企业展现出一幅难以估量的、巨大的商业图景。如果错失此良机，那么日本企业的所谓经营便将不成为经营。同在京都的另一家著名企业——岛津制作所，于2013年9月宣布将与美国得克萨斯大学共同研制可用于页岩气开发的环境污染物质监测分析设备。

信越化工抓住了原料价格回落的时机

正如通用电气公司伊梅尔特主席所指出的那样，页岩气革命使能源成本和材料价格下降，为美国制造业带来了无限发展空间。实际上，页岩气革命也使日本的化工企业取得了优秀的业绩。

如前文所述，目前美国的天然气价格已经下降到3~4美元，而日本从卡塔尔进口的LNG价格在16美元左右，美国国内天然气价格仅为日本进口天然气价格的四分之一。如此低廉的天然气价格，使美国国内传统的煤炭发电被天然气发电所替代，核电也几乎失去了存在的必要。为了谋求便宜的能源和生产原料，全球著名的大型石油化工企业——陶氏化学公司、埃克森美孚等，纷纷开始在美国国内建设大规模的乙烯生产工厂。但是，那些仅仅为了消化过剩设备而向海外转移生产据点的日本化工企业，正面临严峻的考验。美国的超大型企业仅用相当于日本四分之一的价格便可以获得原材料，这种优势日本企业根本无法匹敌。

不过，在盐酸塑料树脂的生产方面保持世界领先地位的信越化工，成功地捕捉到页岩气革命带来的机遇。

信越化工2013年度中期会计决算（4~9月）显示，该公司经常性利润同比增加13%，达到973亿日元。之所以出现

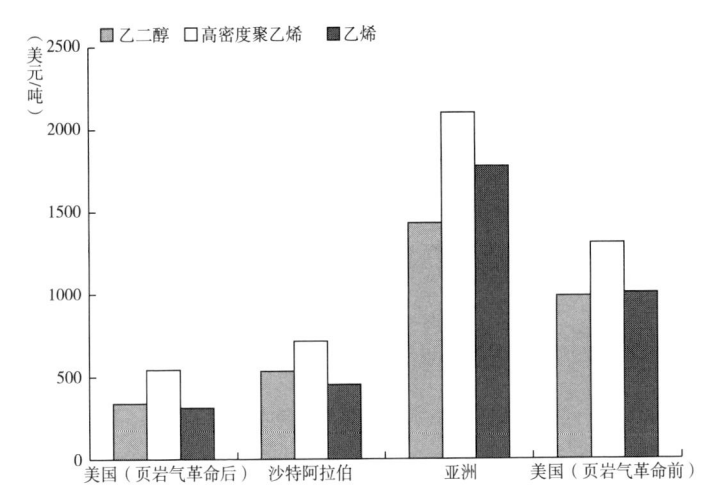

图 2-1 不同地域的石油化工产品的制造成本

资料来源：PwC,"Shade Gas Reshaping the US Chemical Industry," October 2012。

两位数的增长率，拉动力来自该公司在美国的分公司——信越科技（Shin tech）公司。南美洲地区对盐酸塑料的需求量猛增，同时，作为原材料的天然气价格大幅下降，该公司最大的收益便来源于此。盐酸塑料用于制造给排水管道、建筑材料等，今后，新兴国家的需求量将会继续扩大。

"根据日本经济产业省的预测，2011年全世界盐酸塑料总需求3603万吨，到2017年将增加近三成，达到4778万吨。"（2013年10月17日日本《产经新闻》）

价格低廉的美国天然气使信越化工的全球战略所向披靡。信越化工也将在美国新建乙烯生产工厂纳入公司的发展规划。

上一章曾经提到日本大型石化企业正在迅速地进入美国。这些大型石化企业大多希望将日本国内过剩的生产设备合理地转移到美国，但信越化工却不同。美国的页岩气革命已经开始并发展至今，日本的化工企业必须在其自身的中长期发展战略和进入美国市场的两者之间保持平衡。

其实，大型企业进入美国市场并非难事，并不一定需要在美国直接投资新建工厂，可以像上一章提到的日本出光公司一样，在美国企业的内部设置厂房，在管理、运营等方面取得对方的协助。或许这种方式更为合理。

"现代勘探企业"将重新获得商机

19世纪的"淘金热"曾经给加利福尼亚创造了一段悲喜两重天的历史。如今提到"淘金热"这个词，颇具讽刺意味。

"在淘金热潮中，最挣钱的是勘探企业。"怀揣着发财梦想的勇士们从美国各地蜂拥而至，但大多数人并没有挖到金子而陷于落魄，最稳定的挣钱者是那些贩卖勘探机械的商人们。同样，"天然气时代"也会出现类似情景。页岩气革命的第一阶段是由那些独立的中小型能源开发企业完成的，挣钱的欲望和挑战的精神将页岩气革命推向了高潮。然而，到2008年，天然气价格在到达12美元高位后突然"跳水"，跌落到2美元的低谷，导致第一阶段的主要玩家因为资金链断裂而陷入危机。于是，石油巨头们取而代之，走上了页岩气革命舞台的中心。

页岩气开发者们上演着情节近乎雷同的悲喜剧。那些生产勘探开采设备、器材的厂商，正是"现代版的勘探机械商"。究竟怎样的企业会成为"现代版的勘探机械商"呢？

它们能否在页岩气革命中获得商机呢？

"重厚长大"产业再次辉煌

看过页岩气开采工地的人们会了解到，开采现场往往建在荒凉的土地上，尘沙漫天飞舞，但正是这样的地方才是各种高新科技汇集的所在。作为信息化时代的象征，通用电气公司的工业互联网战略，将信息设备与产业机械相结合，使开采现场实现了机械设备互联网化。显而易见的是，"重厚长大"的机械制造业在开采现场呈现出正在复苏的趋势。

长期以来，人们总是错误地认为，以钢铁、造船为代表的"重厚长大"的机械制造业已经完成了历史使命。回顾20世纪钢铁业的荣衰历史，似乎也确实如此：20世纪前半叶是美国钢铁公司（US Steel）的全盛期，而20世纪中叶以后，新日铁（现在的新日铁住金）、川崎制铁（现在的JFE钢铁）等日本的钢铁企业取代了美国钢铁公司，迎来了经营的春天。

然而随后不久，韩国的浦项钢铁公司（POSCO）和中国的宝山钢铁集团、河北钢铁集团等中韩力量逐渐强势崛起，21世纪初的世界钢铁市场发生了巨大变化。2006年，卢森堡安塞乐公司与荷兰的米塔尔钢铁公司合并后成立的安塞乐－米塔尔公司，占世界钢铁市场份额的10%，成为目前世界上最大的钢铁集团企业。

如今，随着页岩气革命的推进，曾经作为"老古董"的美国钢铁公司或将再次成为市场关注的焦点。美国大型投资信托公司正在考虑推动美国钢铁公司上市以吸引投资。

页岩气革命中的日本钢铁企业

包括新日铁住金、JFE 钢铁、神户制钢等在内的日本钢铁企业，如今所处的市场环境已经发生了巨大变化。雷曼危机之后，日本的钢铁企业面临严峻的考验，各家企业为恢复业绩采取了各种合理化措施。如今来看，那些努力取得了一定的成效，2013 年上半年这些公司的利润都实现了较大幅度的增加。取得如此好业绩的原因在于，日本最大的钢铁买家——日系汽车企业的供货价格上调、日元贬值，再加上各企业的合理化措施。虽然业绩报告令人惊喜，但是以上因素并不能保证日本的钢铁企业从此便迎来了美好的春天。事实上，从某种意义上可以说，日本的钢铁企业也受惠于如火如荼地进行当中的页岩气革命。

日本神户制钢拥有很多技术专利以及相关产品，它在生产多种金属材料的同时，也从事各种工程机械的制造生产，因此在页岩气革命中获得了巨大的发展机遇。从销售总额来看，新日铁住金为 43899 亿日元，JFE 钢铁为 31891 亿日元，而神户制钢的销售额为 16855 亿日元，仅大致相当于新日铁住金的三分之一和 JFE 钢铁的二分之一，虽然在日本钢铁企业中位列第三，但与前两名之间存在巨大的差距。而且在粗钢产量方面，神户制钢仅是新日铁的六分之一。但是，在页岩气开采和天然气输送管道、天然气液化设备、石油化工设备等页岩气革命相关的领域，神户制钢均获得了优质的增长点。

页岩气革命中不可或缺的空气压缩机

空气压缩机便是其中最为典型的产品。简单来说，空气压缩机就是对天然气施加压力从而使其获得释放或发生流动的设备。页岩气与传统天然气的最大区别在于，储存在地下时是否承受着巨大压力。传统天然气的储存状态是承受高压，钻井挖掘成功后，天然气会从钻井中自动喷出，这就是自喷井。而页岩气开采，必须注入高压水（压裂液）使岩层产生龟裂，将岩石中的页岩气释放出来，而且页岩气不会沿钻井自动喷溢出来，必须通过设备施加压力才能将其送出地面。

前文也曾提到，页岩气革命之所以只能发生在美国，是因为美国拥有如同分布在人体全身的血管一样遍布全境的油气输送管线。正是由于这个硬件条件的存在，美国才能够便捷而广泛地使用开采出来的页岩气。但气体本身不会有方向地流动，为了使页岩气可以输送到美国的任何一个角落，必须使用数量庞大的空气压缩机。另外，在石油化工领域，空气压缩机也是不可或缺的设备。

神户制钢公司能够在这个领域为自己赢得多大的商业机会呢？颇有意思的是，这次设备投资热潮给日本工程技术行业的企业提供了巨大商机。日挥、千代田化工建设、东洋技术、栗田工业、东芝机械设备等公司都表现得十分活跃。

造船厂获得了建造LNG运输船舶订单

日本的机械设备企业不断扩大对美国市场出口，并取得了不错的业绩。

从事金属板材加工制造的天田公司（AMADA CO.,LTD.）合并报表上，2013年上半年的销售额就从预计的1060亿日元（与上一年同期相比增加18%）增加到1110亿日元（同比增加24%）。据估算，天田公司2013年上半年的营业收入将增加10亿日元，达到45亿日元。

天田公司取得良好业绩的关键原因在于页岩气革命使美国经济复苏，因为该公司对北美的销售额增加了30%~40%。

荏原制作所是生产涡轮机、空气压缩机等设备的大型企业，随着大量美国企业回迁美国，荏原制作所的产品需求量逐渐扩大，预计营业利润增长率与前一期相比将达两位数。

表2-2 LNG运输船的完工数量（10万立方米以上）

单位：艘

		2009年	2010年	2011年
薄膜型LNG船	总计	30	23	10
	日本	2	1	0
	韩国	28	22	10
球罐型LNG船	总计	6	2	1
	日本	6	2	1
	韩国	0	0	0

资料来源：日本政策投资银行《页岩气革命的见解》。

另外，三井造船公司下属的主要分公司千叶工厂也改造了其一直处于休眠状态的造船厂，开始生产 LNG 运输船。随着页岩气运输量不断增大，预计该公司未来每年都会接到大量生产订单，可以实现年生产 2~3 艘的目标。而且为了提升生产效率，三井还选择了与曾因经营业务失败而陷于破产境地的川崎重工进行合作。

大型机械设备配套的压力容器需求增加

21 世纪的掘金大户绝不仅仅是那些大企业，有实力的中小企业也可以凭借自身的技术优势在页岩气革命的洪流中赢得一席之地。

森松工业公司的总部位于岐阜县本巢市，年销售额达到 500 亿日元左右。其中中国市场的销售额为 350 亿日元，日本国内市场的销售额为 150 亿日元。森松工业公司的主要产品是工业用压力容器。日本宇宙航空研究开发机构（JAXA）发射运载火箭的燃料罐用的就是该公司的产品，国际顶尖医疗器械制造厂家 MRI 公司等也都使用了该公司的产品。森松工业公司凭借其领先世界的技术实力，一直以来业绩稳步增长，即便在雷曼危机之后，也保持着业绩增长的态势。虽然 2012 年中国的市场需求略有下降，但是在美国市场的销售额却有了大幅度提升。

伴随着页岩气革命不断推进，美国的大型石油化工企业开始将生产据点转回国内，而森松工业公司恰好抓住了机会。各种巨型生产设备都需要该公司生产的压力容器。同时，日资石油化工企业也纷纷进入美国，进一步推动了森松工业公司的发展。

全球化经营能力与技术的融合

实际上,决定营销胜败的关键点不仅在于"技术",还在于"营销力"。堀场制作所董事长堀场厚先生虽然强调"技术第一",但同时,堀场制作所的业务拓展能力也是非常出色的。堀场制作所之所以能获得成功,秘诀是"以营销力为基础的技术第一"。

森松工业公司的上海分公司也拥有非常优秀的经营团队,出色的营销能力配合领先世界的技术能力,才使该公司能够与美国能源企业建立起相互信赖的合作关系。

而且,森松工业公司与美国最大的勘探企业卡梅隆国际公司将于2014年成立合资公司,正在迎来难得的商业发展机遇。卡梅隆国际公司主要从事海底油田开采,以拥有高难度的特殊开采技术闻名,当之无愧是得克萨斯最具有代表性的公司。休斯敦市内一条街道被命名为卡梅隆大街,足以显示该公司的影响力。森松工业公司将向卡梅隆国际公司提供模块式设备制造技术。虽然目前没有详细资料,但有一点可以确定,森松工业公司所掌握的、能够便捷地将设备功效扩大或者缩小的模块式链接控制技术,将会活跃在页岩气革命的舞台上。

日本拥有领先世界的高科技力量,无论在油气勘探开采现场还是在设备制造以及运输过程中都不可或缺。那么具体而言,日本拥有哪些与页岩气相关的技术呢?

第三节　日本钢铁企业的商业机会增加

CASE 1——新日铁住金

页岩气开发与钢管制造技术

页岩气开采最具特点的技术便是水平井钻井法。

该技术需要在开采中先向 2000~3000 米的地下垂直钻井并铺设好钢管后，再使钢管弯曲向水平方向伸进，沿页岩底层铺设水平管道，之后再进行水力压裂，使页岩层内的天然气释放出来。

使沿钻井垂直下伸的钢管在钻井底部弯曲的方法有很多，比如侧钻井技术，即在钢管垂直向下伸入钻井后，在钻井底部放置一个斜面的铁板（倒斜器），利用斜面的造斜与倒斜作用，使钢管遇到倒斜器之后自然发生弯曲，经过数次弯曲后，便可以完成沿水平方向在钻井底部的页岩层中的钢管铺设。最近又研发出一种新技术，可以通过更换钢管前端的钻头来改变钢管延伸的方向。

页岩气开采现场使用的钢管必须是无缝钢管，而日本新日铁住金掌握着领先世界的无缝钢管生产技术。

开采石油、天然气使用的钢管有两点非常重要的技术要求：其一，耐碳酸气体的腐蚀；其二，抗硫化氢造成的不锈钢裂化，即脆性折断。在开采埋藏于地下的石油和天然气的过程中，地层中含有的碳酸气体和硫化氢气体也会同时被释放出来，因此要求开采过程中使用的钢管必须具有防腐功能。为防止碳酸气体的侵害，可以通过提高钢管合金成分中铬的含量，来增强抗腐蚀能力。由于腐蚀速度是可以计算的，所以改善钢管的合金中各金属元素的比重，使钢管的腐蚀速度减慢，以保证使用期限得以延长到与钻井寿命一致。这一点非常重要。

硫化氢造成的钢管断裂往往是突然的、瞬间发生的。同时，硫化氢气体如果被人体吸入会有致命危险，会造成重大事故。为了防止这种危险情况的发生，必须保证钢管材料内部结构精密细致，并且必须减少杂质以保证金属材料的纯净度。另外，还必须排出在钢管内存在的硫化氢气体分解产生的氢气，以减少钢管发生折断的可能性，并减缓钢管折断点的生成速度。

新日铁住金生产的无缝钢管，满足了以上两个要求，因而深受欢迎。新日铁住金拥有三个技术优势：第一，掌握合金中各种金属元素比例的工业设计技术；第二，掌握着高纯度合金钢材的制造技术；第三，掌握着使钢管材料内部组织超级致密的技术。一般情况下，钢铁在熔化后冷却凝固的过程中会产生结晶现象，造成材料内部组织结构过大。如果材料内部组织结构过大，就会使材料的韧性降低而变得容易折断。因此为了保证钢管的材料内部组织结构致密，就必须使用特殊的融入技术，在钢铁的凝固过程中，用水进行冷却，通过迅速降温的办法使钢铁的内部组织不会扩大且保持致密。使用这种超致密化技术，可以使钢铁内部组织结构的致密程度达到极限。

制造用于极端环境的无缝钢管的技术

上述新日铁住金的技术，在页岩气开发中受到极大关注，但由于目前的开采环境并不是十分恶劣，所以其优势并没有完全得以展现。

美国在20世纪20年代开始石油开采，目前易于开采的油田几乎开采殆尽。21世纪最初10年的前期，由于当时尚未掌握页岩油开采技术，油气开采企业为了获得深层石油只能向地层更深处掘进。同时，各企业还在深海进行油气开采。当钻井掘进到一定深度后，温度也会不断升高，钻井内硫化氢气体的压力和碳酸气体的压力同时增强，这种环境必须使用新日铁住金生产的钢管。

然而在21世纪第一个10年的后期，随着页岩油、页岩气开采技术不断成熟，之前认为完全不可能开采的地区也能够开采出石油和天然气了。但是，由于在页岩油气的开采中采用了水平井技术，开采深度并未达到某种界限，实际开采环境与真正需要使用新日铁住金生产的钢管的环境条件相比尚属优越，因此并非一定要使用上述超致密技术生产的钢管。换言之，目前即使不使用该公司的钢管，使用成本较低的钢管也是可行的。

但是，当目前开采条件尚好的页岩油气也被开采殆尽之后，就不得不开采那些条件更为恶劣、环境更为艰苦的油气了。这种情况下就必须使用新日铁住金独家生产的 13 铬不锈钢以及耐腐蚀性钢管了。

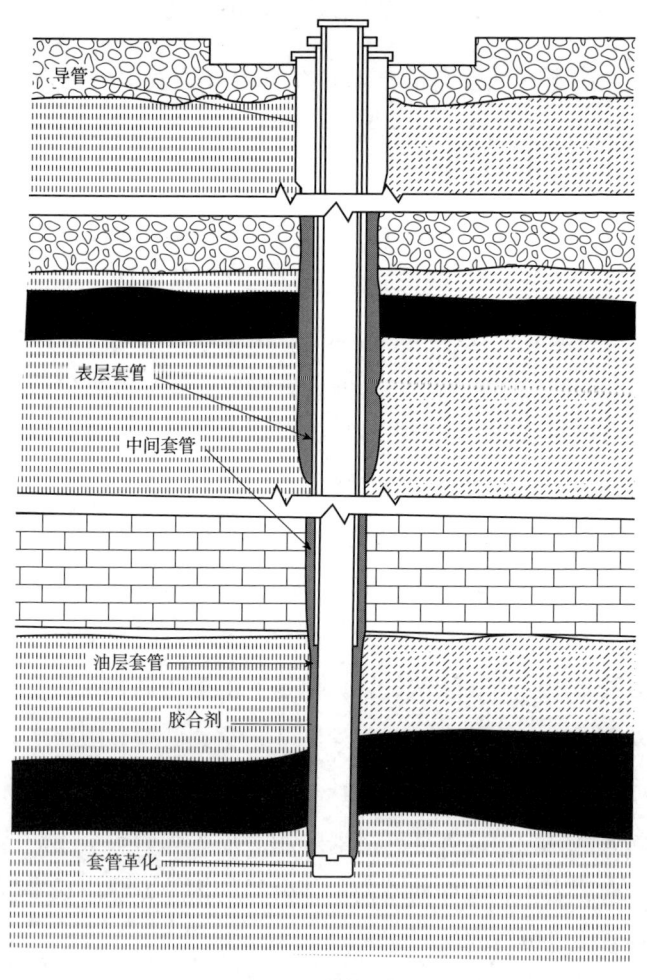

图 2-2 钢管示意

油气输送管线所需钢管的半数来自新日铁住金

目前,新日铁住金的产品在页岩气开采中已经被广泛使用。但在实际开采工地上,并非需要全部使用该公司生产的钢管产品,只有勘探钻井达到一定深度后,才需要使用高强度、高致密、具有耐腐蚀性能并且抗压、不易折断的钢管。这才是真正属于新日铁住金的舞台,因为目前只有该公司才能生产满足以上要求的产品。从前的石油开采现场根本不需要这种高质量的钢管,使用其他公司生产的普通钢管便足够了。

然而,在页岩气、页岩油开采过程中使用的深入页岩层内的钢管比较特殊,它会在深入岩层的过程中弯曲并在页岩层内水平延伸,因此要求具有较高的弯曲性能。另外,在进行水压破裂岩石的过程中还会承受强大的水压,为保证钢管自身不会发生破裂,必须要求钢管材料具有抗高压、防爆裂的性能。同时,由于开采作业在地下深处进行,地层压力很大,有时也会出现地层压力导致钢管破裂的现象,业界称之为崩裂(collapse)现象。

井下的钢管由于内压造成的破裂称为爆裂,而由于外压造成破裂则称为崩裂。因此开采页岩气、页岩油所使用的钢管管材需要具有较强的抗崩裂性能。

总之,页岩气、页岩油开采所使用的钢管必须具有耐爆裂、耐崩裂性能,因此,新日铁住金的产品被广泛使用在能源开发的各个过程中。在同一口开采钻井内,需要根据不同的使用位置而选择使用不同类型的钢管。目前在最复杂的环境中所使用的钢管，大多是新日铁住金的产品。

　　油气开采井的深度和设计不同，所使用钢管的类型和数量也会有所不同。例如，将开采过程中产生的液体抽出到地面上的吸抽管（每根长度超过 10 米），每口开采井会使用 200~300 根。而新日铁住金的产品在油气井中的使用量是多少呢？在一般的开采工地上，需要用到加固油气井内壁的钢管（支撑管等）以及生产用钢管，这些用途的钢管都是新日铁住金的优势产品。但是，用来将液体吸出油气井的钢管可以用比较便宜的产品替代，因此该公司生产的高品质产品的使用范围较小。

　　而以每一口开采井的关键位置所使用的生产用钢管的总重量来计算，新日铁住金生产的钢管占每一口油气井使用钢管全部重量的一半左右，而且该公司产品在每口油气开采井中的使用总重量还将逐渐增大。

高品质钢管价格每吨达数百万日元

　　钢管的价格体系十分复杂，每吨从几万日元到几千万日元不等。其中，用于深海油气开发的钢管每吨价格高达数百万日元。

　　每根管材的重量也因型号不同而大相径庭，一般来说，用于石油开采的钢管每根重 1~2 吨。新日铁住金生产的不锈钢管每吨价值数百万日元，附加价值很高。

　　新日铁住金生产的钢管价格虽然高达每吨数百万日元，但在油气井中使用几十年之后再取出来，也依然可以崭新如初，甚至能够重新用于其他油气开采井。因为钢管中含有

"25%铬"和"50%镍"。添加了铬、镍等金属成分的高级合金钢管可以用于最恶劣环境的油气井。目前,该公司生产的钢管在中东、墨西哥湾等很多国家和地区被广泛应用于深海油气开发工程。

关于合金的成分设计一直是重要的技术课题。是否可以根据用户的使用环境、所需要的性能而对合金含量进行开发设计呢?另外,由于镍合金比较昂贵,使用较为便宜的合金是否也能够取得相同的效果呢?这些经济方面的考虑也需要通过工业设计来实现。

油气井的寿命决定开采钻井使用钢管的成本

每口油气井的可开采期限不同,因此油气井都是有寿命的。如果设定某油气井的开采期限为2年,那么必须考虑在此期间内的开采经济性。一般而言,页岩油气井的寿命从数年到数十年不等。

在长达20年、30年甚至40年的长期开采过程中,若选择使用新日铁住金生产的高品质钢管,反而会更加经济划算。反之,如果使用价格便宜但低性能的管材,一旦开采过程中发生断裂、腐蚀等事故,就会造成更大的成本支出。

随着微地震预测方法的广泛使用,预测油气井开采寿命的技术也取得了很大进步。如同使用磁共振成像(MRI)或超声波对人体进行检测一样,工作人员将声波向地下发射,并通过音频仪器回收反射波然后进行分析,这样便能够全方位地掌握地层中的具体情况以及页岩气的储藏量。使用此项技术可以了解油气井的天然气蕴藏量并据此预测出油气井的开采寿命，还可以计算出安装开采钢管的最佳方案和所需要成本等。通过该技术，可以将开采成本预算与原油天然气的市场价格进行比较，最终判断出开采是否具有经济价值。

受到关注的钢管连接技术

新日铁住金不仅在生产用于能源开采的钢管方面拥有世界领先的技术，同时在钢管之间的连接技术上也拥有较大优势。

开采井中使用的钢管需要使用螺栓进行连接，而页岩油气层通常位于地下几千米的岩层中，钢管需要承受高压和高温。而且，地层中还有硫化氢等有害气体，一旦从钢管连接的缝隙处泄漏出来就会十分危险，被人吸入还会危及生命。使用螺栓连接的钢管在被打入地下后需要承受地层压力和水压，而且，当开采的石油或天然气通过输送管道时，会产生超过100℃的高温，而石油和天然气排空后，管道中的温度又会降下来。因此连接钢管的螺栓必须具有抗热、抗膨胀的功能，必须确保在任何状态下都不会发生泄漏，因此制造这种螺栓必须具有较高的技术能力。

使用螺栓进行钢管之间的咬合或者捆扎连接时必须进行严密地设计，其中螺栓与螺母之间使用的衬垫是关键。衬垫用于螺栓与螺母的连接处，是石油、天然气开采所使用的高级螺栓最基本的配件。在高温、高压以及各种严酷条件下，所使用的螺栓的设计承压必须高于实际可能承受的压力，但达到这样的要求十分困难。现在可以利用计算机进行计算，经过多次实验最终确定采用何种螺栓、怎样进行连接、使用何种衬垫等，不断积累技术经验。

另外，能否完全按照设计对螺栓进行切割加工也是关键问题。当然，制作过程需要使用数控（Numerical Control，NC）车床，但是由于设计图纸要求精确到千分之一毫米，需要超高的技术才能生产出完全达到设计要求的螺栓。

首先，要在钢管上切割出外螺纹。随后，做好连接器，连接器要求使用与钢管相同的材质，在连接器的两侧切割出内螺纹。按照"外螺纹钢管＋连接器＋内螺纹钢管"这样的顺序将其连接起来。螺栓分很多种，也有不需要连接器的，在钢管的一端切割出外螺纹，另一端切割出内螺纹，然后直接将其首尾相连。但是，在严苛的开采环境下，一般都使用前一种带连接器的连接方式。

不同的开采深度需要使用不同的螺栓，因为随着钻探深度的不同，地底温度、压力都会发生变化，所以，对螺栓耐压水平的要求也有所不同。开采钻井的深度越大，就越需要使用高精度高性能的螺栓。全球有很多家管材生产企业，大多拥有自己独特的螺栓技术。新日铁住金与法国瓦卢瑞克公司用多年时间，共同研制开发了一种被称为 VAM 的螺栓系列产品，并且拥有多条生产各种型号螺栓的生产线。

新日铁住金在螺栓、管材生产方面，拥有高度集约的技术体系，甚至拥有自己的高炉，以保证掌控生产的上游阶段能够生产出高纯度高品质的钢材，也就是说其将钢铁冶炼技术、制管技术和螺栓技术相结合，三位一体，保证整体产品处于世界一流水平。可见，新日铁住金是钢管制造行业的世界顶尖企业。

高品质钢管的需求量将继续增加

美国现有将近 2000 台钻井机正在工作，而且几乎全部都在页岩气开采的工地上。也正因此，新日铁住金的发展机遇会越来越好，而且随着钻井数量的不断增加，商机也将不断扩大。

当前，中国等新兴国家的一些企业向市场大量供应价格便宜的普通钢管，以至出现了供过于求的现象，市场供求关系需要平衡调整。但是，页岩气革命使美国对高品质钢管的需求趋于稳定，而且形成了巨大的潜在市场。

例如，在美国著名的页岩气开发地区、北达科他州的巴肯，某石油公司计划在那里 2 英亩（约为 8093.7 平方米）的土地上开采页岩气。同时还有其他多家公司也同样雄心勃勃，准备在那里大干一番。由此可以管窥美国对高品质钢管的需求趋势，同时也可以相信，新日铁住金生产的高品质钢管将会赢得广阔的市场。

目前中国在页岩气开发方面还是一片空白，如果中国今后对页岩气进行正式开采，那么日本的无缝钢管是否能够一显身手呢？对于这个问题，有观点认为，中国是一个国产化倾向很强的国家，因此可以推定中国企业宁愿选择本国生产的钢管。

但是就目前来看，中国在技术上还有很大差距。中国在开发页岩气之前，必须首先解决三维轨迹钻井技术以及与钢管相关的技术问题，而且，目前中国在水力压裂等页岩气开采技术上还需要依赖美国。另外还应注意到，美国的页岩层相对比较容易开发，而中国的页岩层地质状况非常复杂且分布分散，这些因素都会影响开发效率，同时也很难保证水力压裂所需要的大量水资源。除此之外，地下资源的归属问题也是中国必须面对的一个问题。如果地下资源全部属于国家，会导致资源开采的激励性不强，影响企业开发的积极性。因此可以判断，或许中国在页岩油气开发事业上很有潜力，但是进行规模化开发还需待以时日。

不过，一旦中国正式开始开采页岩油气，由于开采环境比美国恶劣，对钢管的品质要求势必会更高，新日铁住金生产的高品质钢管一定会大展身手。还有一种观点认为，中国在能源问题上正面临困境，由于中国一直以煤炭发电为主，环境污染问题严重，若希望改善环境，就必须选用效率高、温度高、压力高的锅炉，而这种锅炉所使用的钢材和钢管，目前只有新日铁住金才能生产，所以中国也不得不使用新日铁住金的钢管。随着今后中国的页岩气开发不断推进，当开采量超过美国时，在是否购买日本钢管的问题上，虽然存在其他影响因素，但是新日铁住金的高品质钢管必定会大有所为。

新日铁住金生产的油气输送管材迎来机遇

中国不会很快对页岩气进行大规模开采，因此目前新日铁住金的最大客户仍然是美国。从现况来看，美国页岩气开发中所使用的管材并非全部为新日铁住金的产品。当然，新日铁住金的产品已经成功地打入了美国市场，但不是一家独大。随着今后页岩气开采逐渐向环境恶劣地区推进，新日铁住金一定会获得更多机会。

虽然新日铁住金生产的无缝钢管产品，最近一个季度的销售额和该公司钢管营业部的整体销售数据尚未公布，但是可以确定，该公司无缝钢管的年产量一直保持在100万吨以上，而且每年都在增长。由于能源行业的需求持续旺盛，相信今后无缝钢管的市场需求还会继续扩大。

长期以来，新日铁住金生产的无缝钢管主要用于海底油田开采、深海资源开发等，如今又迎来了页岩气开发带来的新市场。而且，从普通钢管到最高品质的无缝钢管，新日铁住金都能够生产，所以可以确定，新日铁住金一定会凭借高超的技术、过硬的产品品质，在页岩气开发中获得更大的市场。

石油化工厂对钢管的需求也呈增长趋势

在页岩气开发的产业链中，不仅上游的页岩气开采需要使用钢管，下游的页岩气精炼和加工也同样需要钢管。美国廉价的天然气使石油化工产品的竞争力也随之增强。过去由于沙特阿拉伯等中东国家的油气成本较低，全球的石油化工厂大多集中在中东地区。但是，随着页岩气的开发，美国天然气成本下降，美国本土的石油化工厂出现了建设高潮。

石油化工厂所使用的钢管同样必须具有高度的耐腐蚀性，因此新日铁住金在这方面同样大有可为。石油化工厂需要使用的高品质无缝钢管，大多只有新日铁住金才能生产。因此，美国本土新建的石油化工厂对新日铁住金生产的钢管的需求值得期待。

目前美国国内很多石油化工厂正在筹备建设当中，预计2017年左右先后投入生产。实际上美国已经出现了一批能与日本相匹敌的石油化工企业，包括乙烯生产工厂等。陶氏化学公司便是其中的代表。

石油化工厂必须使用高品质的无缝钢管，仅陶氏化学公司一家企业在无缝钢管上的支出成本，每年就达数十亿日元。除陶氏化学公司之外，还有埃克森美孚、荷兰皇家壳牌石油公司、雪佛龙菲利普斯化工有限公司等，都已经将建设乙烯生产工厂纳入发展计划。美国的石油化工产业一度濒临绝境。之前各大石油化工公司为了获得便宜的原料而远赴中东建厂，美国国内的石油化工行业整体丧失了活力。如今，随着页岩气的开发成功，美国国内的石油化工产业又开始焕发勃勃生机，美国石油化工行业的复苏，也同样会为日本相关企业带来巨大商机。

CASE 2——神户制钢

钢铁以外的业务占营业额的一半以上

神户制钢年营业额约1.7万亿日元，其中钢铁相关的营业额占略少一半，其余一半以上的营业额来自焊接材料（其中一部分是焊接设备，但主要是焊接材料）、铝和铜等原材料产品及产业机械（压缩机）、机械设备、环境机械、建筑器械等。

从神户制钢的业绩构成来看，原材料生产占六成，机械产品占三成，其余一成来自电子材料、房地产等其他产业。多领域发展是神户制钢的特点，这与新日铁住金和JFE等钢铁公司营业额的八成乃至九成都来自钢铁版块的情况形成了鲜明的对比。

LNG产业链包括页岩气的开采、储存、液化、运输、气化、使用等环节，而所有环节都会用到神户制钢生产的各种各样的"材料"和"机械"。

日本垄断了制造LNG储存罐所需材料的生产

首先从与"材料"相关的上游产业开始说起。页岩气实际上也是天然气的一种，所以以下全部统一使用"天然气"，而不再强调页岩气。

在日本，为了储存LNG，要用到LNG储存罐，而生产LNG储存罐所使用的材料比较特殊，虽然并非传统意义上的不锈钢，但是也必须在钢铁中添加7%~9%的镍，品质近似于不锈钢。这种材料正是神户制钢的得意之作。

顺便说明一下，新日铁住金过去生产的产品含镍量为"9%"，近年来一直在努力尝试在确保性能不降低的前提下将"9%镍"降低到"7%镍"。据说2013年已经成功实现并开始生产。通过这种微合金技术，可以降低生产成本。由于制造 LNG 储存罐所使用的钢板都是由特殊材料制成的，日本以外的钢铁生产企业还不具备生产这种特殊钢板的技术能力，因此新日铁住金和其他日本的钢铁企业在该领域已经形成了垄断。

LNG 储存罐的工作温度主要为 –160℃左右。在这种极低温的状态下，如果使用普通钢板制造储存罐，容易出现罐壁变质、变脆，导致储罐无法使用。为了使罐壁钢板不易变质，就必须在钢板材料中添加镍。添加镍的工艺技术本身很简单，难点在于热处理等工艺过程中的温度控制和温度管理。"9%镍"已经是过时的技术了，将合金的"9% 镍"降低到"7%镍"是近 20 年来划时代的技术进步。

降低合金中的其他金属添加量，首先必须将钢铁冶炼过程中的温度控制在最合适的状态。只有做到这一点，才可以实现微合金化而不改变其应有的性能。

除了降低合金添加成分比例之外，还必须控制钢铁中其他杂质。比如，也可以通过改变钢铁中微量的硅、硫等物质的比例，以改变钢铁的性能。

LNG 储存罐中的天然气一旦泄漏，后果将不堪设想。所以对 LNG 储存罐的安全性要求很高，生产 LNG 储存罐的材料必须在满足绝对避免气体泄露、能够长期存储的前提下进行微合金化。新日铁住金研发的"7% 镍"合金新技术，目前只有日本的企业掌握，而"9% 镍"合金技术虽然不是日本独有，但是日本占有绝对的技术优势。

在能源相关的其他领域，如建造海洋结构物[①]以及压力容器等所使用的钢板，与制造 LNG 储罐的钢板同样要求具有较高品质。日本钢铁企业在这些领域也拥有技术优势。

表 2-3　日本国内的 LNG 基地数量、LNG 储罐数量（包含计划中的）

	基地数（个）	LNG 储罐数（个）	储藏容量*	所占比例（%）
一般天然气企业	13	45	4426000	22.9
电气企业	11	56	5970000	30.9
一般天然气、电气企业共有	6	67	5600000	29.0
其他**	9	30	3327200	17.2
合计	39	198	19323200	100

注：* 原文无单位；** "其他"包括单独的石油公司，也包括天然气公司、电气公司和石油公司共有等多种形式。
资料来源：日本经济产业省综合资源能源调查会《天然气供应链应有的状态以及天然气系统改革》，2013 年 9 月。

由于 LNG 储罐主要用于日本，日本生产的钢板在日本制造成 LNG 储气罐后应用于本国，所以在 LNG 储气罐的制造工艺上，日本的技术也略高一筹。但是，在压力容器生产、海洋结构物的制造及组装等领域，韩国和美国等海外生产厂家也具有很强实力，当然，日本在这些方面的技术也不错，但是尚未领先。

[①] 海洋结构物是指人工建造的海上滞留物，如半潜平台、张力腿平台、平台脚结合柱、驳船、海底输油管线、海上大型储油罐等大型海工设备。——译者注

日本企业在制造油气输送管道用钢材上具有强大竞争力

除LNG储存罐用材料以外，日本钢铁企业还在很多材料生产方面拥有技术优势，包括美国国内页岩气输送管道所需要的钢板等。用于制造油气输送管道的钢板比制造LNG储存罐所用钢板在品质上要求稍低，以日本神户制钢为代表的日本钢铁企业所生产的钢板在全球占有较高份额。

与LNG储存罐用钢板相比，油气输送管道所用钢板同样要求具有很强的耐腐蚀性，只是油气输送管道的工作环境不会有LNG储存罐那样低至 $-160℃$ 的严酷环境。顺便提一下，储存罐和油气输送管道所用钢板都被归类为"钢铁"，而不是"不锈钢"，因为通常情况下"不锈钢"需要添加30%~40%的合金金属镍或铬。

无缝钢管的直径一般较小，只有几十厘米，但油气输送管道的直径可以达到1米甚至2米。生产如此巨大的管材，需要将钢板弯曲成半圆形，再将两个半圆拼接在一起。在用于生产油气输送管道所用的厚钢板上，日本企业拥有较高的技术。

目前美国的天然气输送管道所用的钢板并非全部使用日本钢铁企业的产品。美国国内的输送管线不仅长，而且分布密集，但目前日本钢铁企业的产品在其中所占比例较少。今后随着页岩气革命的推进，美国必将继续加强国内油气输送管线的建设，因此日本钢铁企业也一定会获得巨大商机。

海外钢铁企业难以进入美国的高品质钢材生产领域

美国的钢铁企业主要使用电炉进行钢铁冶炼，而很少使用高炉（熔炼炉）。美国的内陆地区有很多钢铁企业。由于地区条件等因素，炼铁材料很难被运送到美国内陆地区，所以内陆地区一般使用规模较小的电炉冶炼钢铁，而且当地生产的钢铁也会用于当地。使用电炉生产普通钢材是没有问题的，但是很难生产高级钢材。换言之，电炉用于生产对品质要求不高的油气输送管道钢材是没有问题的，但是无法生产储存罐所需的高品质钢板。在用于制造LNG储存罐等设备所需的高级钢板产品上，日本钢铁企业的技术领先于美国的钢铁企业。

页岩气革命使美国企业的能源成本大幅度降低，但美国的钢铁企业很难占领高级钢材市场，因为短时间内无法将大量正在使用的电炉转换为高炉。

值得期待的"米德雷克斯直接还原炼铁技术"

日本神户制钢可能成为美国页岩气革命的最大受益者。

米德雷克斯技术公司（MIDREX Technologies, Inc.）是神户制钢的全资美国子公司，使用天然气还原技术生产钢铁。传统的钢铁生产需要使用铁矿石和煤炭，但是米德雷克斯技术公司采用直接还原炼铁技术，使用铁矿石和天然气生产钢铁。因此，神户制钢是美国页岩气革命所带来的低价天然气的直接受益者。

直接还原技术需要使用的竖炉，全球目前只有约 70 台，其中 80% 使用了米德雷克斯技术公司的直接还原炼铁法，这是值得骄傲的一种炼铁技术。由于这种炼铁技术使用的是天然气，所以在天然气生产国建设竖炉生产钢铁，在成本上具有绝对优势。现在采用竖炉的钢铁企业大多分布在中东地区，也有一部分在北非地区和印度。

页岩气革命使美国对米德雷克斯技术公司研发的直接还原炼铁技术的需求急剧增长。2013 年 7 月米德雷克斯技术公司在美国获得首个订单，实际上在 2012 年之后，便陆续收到包括此单在内的 10 多项咨询，而在 2012 年之前几乎为零。米德雷克斯技术公司的第一个美国订单项目，是向得克萨斯州科珀斯克里斯蒂市近郊的钢铁厂提供年产能力达 200 万吨的还原铁生产设备。整个项目金额达到 5.5 亿欧元，其中，一半左右用于基础设施建设，另一半用于炼铁生产设备，而一座炼铁竖炉的造价便高达几百亿日元。目前该公司只有一项订单，另外还有 10 多个项目正在洽谈中，如果全部签订合同，销售额将会增至几千亿日元。米德雷克斯技术公司对市场充满信心。

根据米德雷克斯技术公司新铁源本部的判断，今后美国市场对钢铁需求总量不会有太大的增长，但是美国的钢材生产企业的设备每年更替规模将会达到 2000 万吨，而 1 套米德雷克斯直接还原炼铁设备的年生产量是 200 万吨，因此相当于美国钢铁企业每年要采购 10 套米德雷克斯直接还原炼铁设备。神户制钢的负责人表示"我们要牢牢地抓住这个市场机遇",因为10套设备的销售额合计将达到3000亿日元。

美国钢铁企业新建竖炉替代传统的电炉是大势所趋。米德雷克斯技术公司的直接还原炼铁生产技术,利用天然气制造还原铁,然后再将还原所得的铁投入电炉进一步冶炼。传统电炉一般以7∶3或者8∶2的比例将废铁和高炉生铁进行混合后冶炼。而这种直接还原炼铁生产技术,是用天然气生产的直接还原铁替代高炉生铁。

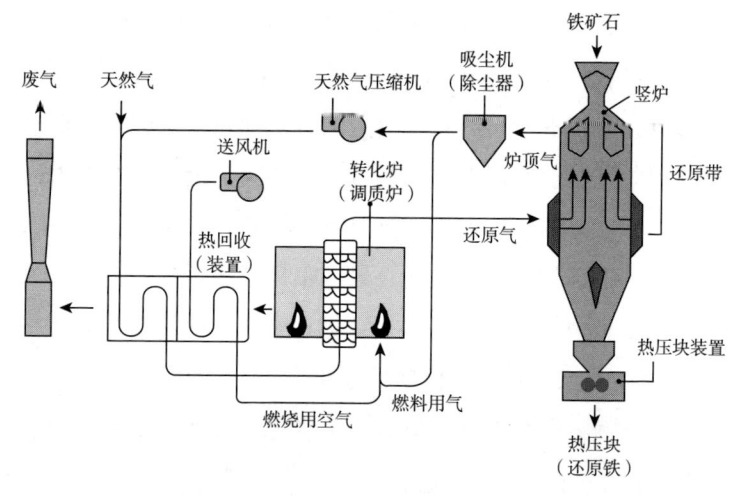

图2-3　米德雷克斯直接还原炼铁工艺流程

资料来源:T.E.Dancy, JQ., Edstrom Symposium, 1992。

日本的直接还原炼铁技术居世界前列

米德雷克斯技术公司的直接还原炼铁技术的关键在于如何使用天然气。从传统的使用煤炭冶炼钢铁转变为使用天然

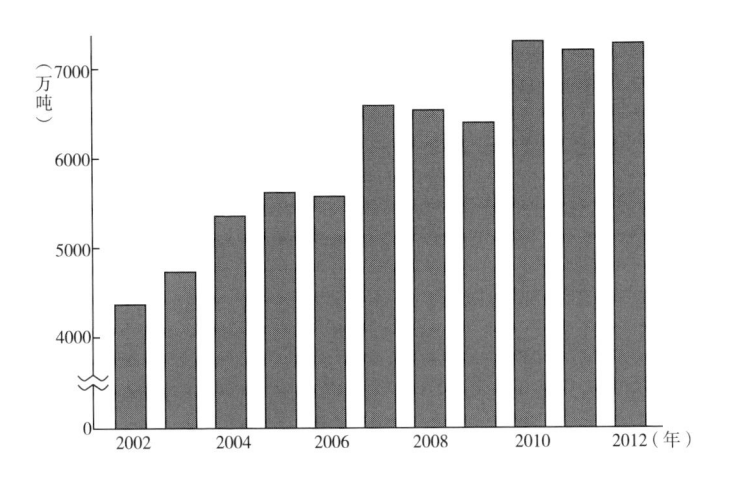

图 2-4 直接还原铁的世界生产量

资料来源：世界钢铁协会。

气炼铁，并不是一件简单的事情。现在世界上正常运转的70座炼铁竖炉中，80%使用米德雷克斯技术公司制造的天然气还原炼铁设备。由此可见日本米德雷克斯技术公司在直接还原炼铁技术上的统治地位。

韩国的钢铁企业在此项技术领域并未取得实质性进展，毕竟从零开始的技术创新并不容易。目前能够与神户制钢米德雷克斯技术公司的直接还原炼铁法相提并论的技术只有一项，那就是墨西哥希尔萨公司研发的希尔法（HYL）[①]。目前全球有2家钢铁企业使用这种技术，利用天然气进行直接还原炼铁。

现在全球还原铁的年生产量为7000万吨以上，其中神

---

① 一种以天然气、水蒸气催化裂解气作为还原剂，以块矿或球团矿为原料，通过固定床反应罐直接还原的连续铸钢、炼铁法。——译者注

户制钢技术占据市场的 60% 左右，预计还原铁的市场需求量在 2025 年前后将增加到现在的 3 倍，达到 2 亿吨。

在页岩气革命成功的前提下，该目标实现的可能性很大。当然，能够实现的原因，可能单纯是全球市场需求量增加，更有可能是页岩气革命使天然气价格下降。如果还原铁市场需求量达到 2 亿吨，那么即使神户制钢生产的设备维持目前 60% 的市场占有率，销售额也不容小觑。由此可见，米德雷克斯直接还原炼铁技术的经营部门，是神户制钢最有前途的部门。

大型空压机的销售额顺利增加

以下是其他机械设备产品的情况。

在液化气生产中，需要加高压使天然气液化，因此空气压缩机（空压机）是重要的生产设备。除此之外，在使用 LNG 储存罐存贮液化天然气的过程中，与外部有所接触的部分会逐渐气化，而将气化的天然气回收重新进行液化，也需要用到空压机。另外，在 LNG 的输送过程中需要加压，因此也要用到空压机。

神户制钢特制的大型空压机已经成为非常热门的产品，在神户制钢所有产品中市场发展势头最好。虽然神户制钢的大型空压机也并不是全部用于页岩气开发，但是包括页岩气在内的能源开发行业对该产品的需求迅速增长，因此大型空压机的销售额也大幅度增加，目前年销售额已经达到 700 亿日元，据说 2020 年将会增加到 1100 亿日元。

大型空压机订制价格每台高达数十亿日元

空气压缩机有大小型号之分，小型空气压缩机又称为普通空压机，即所谓的"便携式空压机"，每台价格在2000万日元左右。

石油炼油厂等企业使用的空气压缩机全部需要特制，有些型号每台价格达几十亿日元。空气压缩机是工业现代化的基础设备，几乎所有产业都要用到它。特制的大型空压机主要用于与能源有关的大型工厂。

特制空压机的制造技术难点在于如何提高压缩的效率。特制空压机需要使用高压电完成对气体的压缩，通常耗电量较大。因此，尽量降低耗电量而获得良好的压缩效果，是空压机生产企业追求的技术目标。

压缩机分为涡旋式、活塞式、螺杆式三种类型。神户制钢是目前三种类型压缩机都能够生产的厂家。现在使用量最多的是涡旋式压缩机。神户制钢的代表性产品为螺杆式压缩机，销售量排世界第一，占全球空压机产量的30%。螺杆式压缩机的汽缸内装有一对互相啮合的螺旋形阴阳转子，转子在机壳内做回转运动实现对气体的压缩，对技术要求很高。

石油在精炼的过程中需要增压，因此石油化工企业多使用螺杆式压缩机。空气压缩机还用于满足油气输送管道必要的增压要求，是现代工业中主要的动力源。最近，天然气开发企业对空压机的需求也在不断攀升。

空压机制造产业在欧洲的发展势头也比较迅猛。欧洲有5~6家著名的大型空压机生产企业，其中以总部设于瑞典的阿特拉斯（阿特拉斯·柯普科）公司最负盛名。欧洲的空压机制造商也十分看好用于页岩气开发的大型空压机市场，预计未来将与神户制钢形成竞争。在这些欧洲企业中，有很多企业生产规模大于神户制钢，但是在产品性能方面无法与神户制钢同日而语。

不断提升效率

由于神户制钢公司生产的大型空压机的主要零部件（回转器）几乎全部产自日本国内（组装工作有的在美国完成、有的在中国完成），所以价格较高。但客户普遍认为，神户制钢的产品虽然价格高但是其生产效率也很高，可以促进企业整体生产成本的降低。

一台空压机的效率如何，关键在于电功率。与以燃气轮机联合循环发电（GTCC）技术为代表的发电机技术领域的竞争一样，提升空压机效率的技术研发竞争也相当激烈残酷。神户制钢已经开始引入加古川制铁的燃气轮机联合循环发电技术。空压机的效率提高哪怕1%，所产生的能源成本便截然不同。据说神户制钢在全面更新发电设备时引入了两套燃气轮机联合循环发电设备，生产效率得到大幅提高，每年可降低成本几十亿日元。

同样，空压机的效率只要提高1%，便可以节约几亿日元甚至几十亿日元的电费支出，所产生的经济效益相当可观。因此，在压缩机制造业内，各家企业都在努力研发更高效的技术。神户制钢生产的螺杆式大型空压机在这场激烈的技术竞争中取得优势，销售额稳步提升。

对于以钢铁制造业、锻造业起家，业务涵盖钢铁、机械、工程、房地产等多领域的神户制钢来说，页岩气革命带来了新的巨大商机。除上述提到的业务之外，该集团公司还涉足化工机械等更多领域。据说除雪佛龙菲利普斯化工有限公司之外，只有神户制钢才能制造使用页岩气生产树脂的机器设备。另外，在熔接材料、挖掘机、起重机、LNG 还原设备等众多领域中，神户制钢都占有一席之地。

第四节　无法避免的产业空洞化——页岩气研究课题组的报告

日本化工企业仅靠在日本国内生产，无法与美国化工企业展开竞争

随着日本的化工企业不断迁往美国，很多人士开始担心日本国内可能会出现产业空洞化。

例如，生产基础化工产品原料乙烯的大型企业住友化学公司已经开始停止在日本国内的生产，于 2013 年 2 月正式宣布其所属的千叶工厂的乙烯生产线将于 2015 年 9 月停产。虽然住友化学公司有意将千叶工厂转向生产收益率更高的高性能材料制造，但是会缩小工厂规模。另外，三菱化学控股集团公司旗下的三菱化学公司，也将于 2014 年关闭其鹿儿岛分公司的两条乙烯生产线中的一条。

2013 年 8 月，旭化成化学和三菱化学两家公司联合宣布，计划于 2016 年春季关停两公司共同经营的、位于冈山县仓敷市水岛的两条乙烯生产线中的一条，即关闭旭化成化学公司年产量 443000 吨的生产线，保留三菱化学公司年产量 431000 吨的生产线。两家企业联合运营乙烯生产线的模式在日本国内属首创，这种共同运营曾为两家公司节省 100 亿日元的成本支出。

日本的其他化工企业也普遍削减了在日本国内乙烯生产的产能。原因在于，以页岩气为原料的石油化学行业在美国蓬勃兴起，造成日本化工企业的国际竞争力大大降低，无法

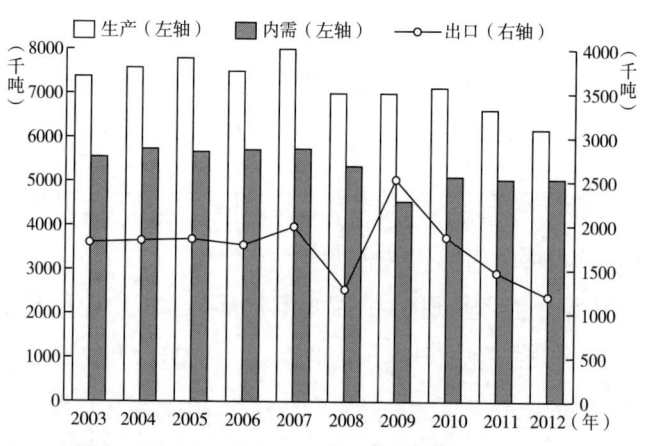

图 2-5 日本乙烯的生产、石化产品的内需和出口情况
资料来源：日本经济产业省《化学工业统计》等。

在日本国内继续过去那种大规模的生产。

与使用石脑油生产乙烯的传统工艺相比，页岩气革命之后，利用乙烷生产乙烯的成本仅为传统工艺的三分之一甚至四分之一。

但在日本国内，目前仍然以石脑油为主要原料生产乙烯。这种传统技术根本无法与页岩气革命之后美国企业利用乙烷来生产乙烯的技术进行竞争。住友化学公司等日本化工企业纷纷削减在日本国内乙烯产能的原因便在于此。

日本国内的乙烯生产总体呈下降趋势

2010年日本国内的乙烯生产曾出现短暂反弹，产量超过700万吨，拉动力主要来自中国汽车、家电产业对合成树脂大幅攀升的需求量。但是，随着中国经济增速放缓、欧洲债务危机的发生，世界经济出现衰退，日本国内的乙烯生产随即重新转为下降趋势，2012年日本的乙烯年产量再次降低到640万吨左右，而日本国内年需求量仅仅约为500万吨，市场出现供过于求的现象。2013年日本国内的乙烯生产量进一步减少，预计这种趋势还将延续，主要原因在于美国页岩气革命造成的生产成本发生戏剧性变化。据推测，今后日本国内的乙烯生产企业会纷纷向美国转移。

美国国内变化初现

上一章已经提到曾经为了获得廉价的油气原料而集中在中东、西亚地区的美国化工企业，现在纷纷向美国本土回归。例如陶氏化学公司、埃克森美孚等公司都相继回到美国本土建设大型乙烯工厂。这些企业都以价格十分便宜的页岩气为原料制取乙烷，并进一步生产乙烯。日本的化工企业也同样为了获取便宜的乙烯生产原料而向美国迁移。

日本可乐丽（Kuraray）公司投资200亿日元在美国得克萨斯州新建工厂，生产用于制造黏合剂等产品的聚乙烯醇树脂。该工厂预计在2014年9月完工，年产量可达4万吨，可使公司产能提升20%。利用美国开采规模迅速增加的新型天然气——页岩气可以大幅降低生产原料成本，这是可乐丽公司进入美国建厂的原因所在。乙烯是可乐丽公司主要产品聚乙烯醇树脂的原材料，而利用美国本土生产的便宜的页岩气生产乙烯，可乐丽公司获得了可观的经济效益。聚乙烯醇用于生产纸张、纤维的黏合剂等，可乐丽公司是世界上最大的聚乙烯醇生产商，占全球总生产能力的35%左右。对于可乐丽公司而言，在维持目前全球生产份额的前提下，进一步扩大在美国的生产，无疑是一种非常明智的选择。

据悉，日本三菱丽阳公司也在探讨是否将制造丙烯酸树脂所需原料的甲基丙烯酸生产工厂转移到美国。宇部兴产公司已经削减了在日本国内用于制造纤维、树脂所需的己内酰胺的生产，并决定在2014年3月之前关闭在日本大阪府堺市的己内酰胺生产线，将己内酰胺的生产全部集中到宇部工厂。日本化工产业的年销售额保持在40万亿日元左右，从业人员达到90万人，仅次于汽车产业，是日本经济的重要支柱，但是现在受到了来自美国页岩气革命的冲击。

将困境转化为机遇

日本国内有观点认为,日本化工企业向美国迁移,会给日本经济带来"巨大的损失",但是也有观点认为,考虑问题的角度不同会得出完全不同的结论。

2013年5月日本石油化学工业协会公布了一份题为《页岩气革命对日本石油化工产业的影响》的调研报告。该报告指出,"页岩气革命是美国经济的复活之源,对日本的石油化工产业既是一种威胁,同时也是一种机遇。日本的石油化工企业,今后必须坚持更加合理化的生产和技术创新,提高自身的竞争能力,将威胁减少到最小限度的同时,最大限度地抓住机遇,促进日本的石油化工产业获得进一步发展"。

正如这份调研报告所指出的一样,页岩气革命对日本的石油化工产业既有有利的一面,也有不利的一面,挑战与机遇并存。使用传统的石油作为生产原料的化工企业,今后将难以继续生存。如果认为日本石油化工企业迁往美国的行为将导致日本产业空洞化,那么这种空洞化的趋势将是难以想象的。使用购买价为16美元的天然气作为生产原料的公司将无利可图,因为价格为16美元的原料和价格为4美元的原料,两者在原料方面的支出成本有着云泥之别。

日本化工行业面临的空洞化危险

石油化工业界相关人士认为,日本的石油化工产业可能会出现严重的空洞化。一般来说,制造业企业降低成本的目标大多都会定为"努力降低5%的成本"等，因为过去购买能源类商品大都采用长协合同，多数情况下只能在某个固定的价格区间内争取更低的购买成本。但是，美国的天然气价格可以从16美元降到4美元，因此，即便将运输成本计算在内，在美国生产无论如何都要比在日本国内生产要经济得多，虽然人工费用存在地区差异，但整体而言日本的人工费用还要稍高一些。

所以，在这样的情况下，能够要求日本的化工企业"不要去美国，留在日本国内生产"吗？即使提出要求又有什么效果呢？与其提出要求，还不如让这些企业在保证一定的员工雇用的前提下，创造企业利润、缴纳税金，然后重新向日本国内进行投资。或许这样才能够推动日本经济整体得到发展。

担忧产业空洞化似乎已经成为日本国内的主流观点。很多日本人担心"日本企业连续不断地向国外迁移，日本国内经济会如何呢？"那么反向思考的话，让这些日本企业留在日本国内、使用16美元进口来的LNG维持生产，又将产生怎样的后果呢？显而易见，企业将丧失竞争能力，濒临倒闭。在对"空洞化的是与非"进行讨论的过程中，很多日本国内的化工企业将破产、消失。当面临生死存亡时，恐怕没有企业会愿意坐以待毙。

而且，对于日本而言，美国是一个容易打交道的国家，既可以吸引大量的投资，又汇聚了各个行业的高新科技，同时那里还是一个具有契约精神的国家。在那里建设工厂，再从那里向世界各地输出产品，或者在那里进行原料生产，再将成品运回日本，也并非坏事。

二元论式的理论非常危险

美国的页岩气革命使日本中小企业面临严峻形势，而大型企业则会借此机遇重新整合供应链，改善公司的经营状况。此前，日本国内的石油化工企业需要使用高价购买原料生产成品，再将成品出口到美国等市场。现在，流向发生了改变，日本的化工企业迁移到美国，用便宜的原料在美国生产，然后再将成品销售给包括美国在内的世界各国。

在考虑"空洞化"问题时，很多观点以内外有别式的"内、外"二元论作出判断，仅从日本一个国家或一个地域展开讨论，而忽略了空间的无限外延性。实际上，哪个公司负责采购？采购的原材料由哪个公司在哪里进行加工？生产的成品由哪个公司在哪里销售？ 这些问题才是关键所在。有些日本企业所有经营环节都在日本以外的地方进行，甚至产品还会出口到日本。但是，只要这些经营活动是由日本企业完成的，那就比将商业机会拱手让给外国企业要好得多。只要日本企业有利润分红，向日本政府缴税，那便是维护了日本的国家利益。事到如今，再用那种单纯的、非内即外的二元论来谈论空洞化已经毫无意义。

不过，有一个问题值得考虑。现在美国的天然气价格仅为 4~5 美元，但是，与 WTI 原油价格一样，这样的低价也是市场价格，必然会随着市场供求关系的变化而波动。如果未来某个时刻美国发生了油气输送管道破裂之类的意外事件，那么油价便可能在一夜之间翻倍，甚至翻2倍、3倍都不足以为怪，页岩气就存在这样的风险。关于这一点，帮助日本化工企业将生产基地迁往美国的综合商社的负责人也并不避讳。

谈到美国的页岩气革命，一般观点会认为，"2012年春，美国的天然气价格降至2美元，而在2008年夏季时曾经涨到12美元，目前在3~4美元之间波动"。但是，美国的天然气价格也存在重新恢复到12美元的可能性。如果有一天，美国的天然气价格回弹至12美元，那时将美国生产的LNG出口到日本，就会造成日本企业购买天然气的成本高至16美元。尽管如此，也不会有公司管理层因为认为"美国的生产原料未来将永远便宜"而做出将工厂全部迁移到美国的草率决定。虽然页岩气革命使美国天然气的市场供给大幅度增加，但是天然气价格毕竟会受市场规律左右，我们不能准确预知价格的具体表现。或许任何一种不可预知的原因都有可能导致天然气价格翻番甚至增长几倍。因此，考虑到这些因素，企业应该在美国和日本同时拥有工厂并合理调节生产。当美国天然气价格便宜时，提高美国工厂的产量，降低日本国内工厂的产量；当日本国内天然气价格便宜时，便提高日本国内工厂的产量，降低美国工厂的产量。

日本汽车制造业的空洞化论

那么，在美国页岩气革命的背景下，对日本国民生活影响最大的汽车行业表现如何呢？日产汽车公司在日本国内的年生产量为 100 万台左右，丰田汽车年产量为 300 万台左右。这是由日本汽车行业产业链结构所决定的。

日本的汽车制造企业都拥有规模巨大的金字塔形生产链。汽车制造业企业的大型整车工厂只负责将零件装配成整车，而各部分零部件的生产全部分包给其他的专业工厂。这种产业结构如同金字塔一样精密而且巨大，一旦某一局部被破坏，整体结构便无法复原。因此，即使日产汽车公司积极向海外进军，例如，将主力产品小型车玛驰（March）的生产全部转移到泰国，但日本国内生产的其他车型的产量也必须保持在每年 100 万台左右。

日产汽车之所以要保持每年 100 万台的日本国内生产量，是出于维持其在日本国内产业链的需要。反言之，正因为该

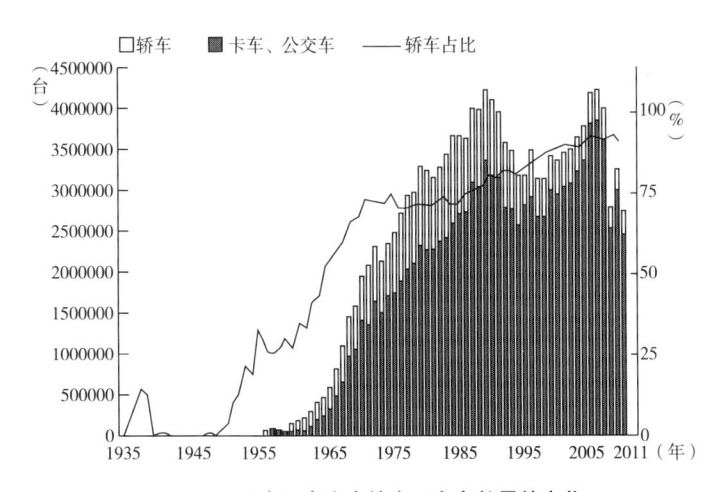

图 2-6　日本国内生产的丰田汽车数量的变化

资料来源：《丰田汽车 75 年成长史》，https://www.toyota.co.jp/jpn/ompany/history/ 75years/index.html。

公司在日本国内拥有金字塔般的产业链，才使其坚持在日本国内生产具有意义和价值。

而丰田汽车公司设置了合理的生产机制。该公司研究后认为，生产工厂年产20万台时，生产效率最优。因此，丰田汽车公司在确定生产效率的前提下，无论那条生产线上使用了怎样的机器人，都是以20万台为基准产量进行生产调度的。假设海外某地区市场需求为每年30万台，如果在该地区建设2个年产20万台的工厂，那么将会出现产能过剩，所以只能在那里建设一个工厂，而市场供应缺口的10万台可以从日本调配。不过，丰田汽车公司正在开发一个新的生产管理系统，能够使其海内外生产线自动增减生产台数。但是短期之内这种全球生产调度的模式是不会改变的。

另外还有一点值得关注，日本的汽车制造企业依然会将最高端技术产品的生产工厂设置在日本国内。油电混合动力汽车从20世纪90年代末开始销售，现在已经畅销全球。但是这种汽车刚刚进入市场的时候，给企业造成了经营赤字，因为能够接受尖端技术的市场只有日本国内。那时，大多数客户是因为这种新技术汽车上标有"日本制造"才考虑购买的，但在上市之初，每销售一台这种新技术汽车，企业便会亏损50万~60万日元。正是因为只有日本消费者才会接受这种高新技术汽车，企业才会将工厂设置在日本国内。所以，对于丰田等汽车制造商来说，坚持在日本生产依然具有重要意义。这对于日本的化工企业也有值得借鉴之处。

第三章
世界能源供给结构急速变化

第一节 一场地壳运动般的革命正在全世界展开

叙利亚局势与原油价格

由于叙利亚局势紧张,2013年8月纽约的原油价格大幅上涨。舆论指责叙利亚阿萨德政府使用化学武器,造成包括平民在内的大量人员伤亡。美国奥巴马总统就是否对叙利亚采取军事行动征集意见。而作为叙利亚的武器进口来源国,俄罗斯与叙利亚关系密切并且在叙利亚拥有辐射中东地区的军事基地,强烈反对美国对叙利亚采取军事行动。

究竟是叙利亚政府还是反政府武装使用了化学武器?在此问题尚未明了的情况下,叙利亚政府首次承认拥有大规模杀伤性武器并且承诺销毁,将叙利亚局势从一触即发的战争边缘拉回到和平轨道。但是,在这段时期,世界原油价格大幅上涨。

表 3-1　石油产量排名前 20 位的国家（2012 年）

排名	国家与组织	1000（桶/日）	占比（%）	比 2011 年增减（%）
1	沙特阿拉伯	11530	13.4	3.7
2	俄罗斯	10643	12.4	1.2
3	美国	8905	10.3	13.9
4	中国	4155	4.8	2.0
5	加拿大	3741	4.3	6.8
6	伊朗	3680	4.3	−16.2
7	阿拉伯联合酋长国	3380	3.9	1.6
8	科威特	3127	3.6	8.9
9	伊拉克	3115	3.6	11.2
10	墨西哥	2911	3.4	−0.7
11	委内瑞拉	2725	3.2	−1.5
12	尼日利亚	2417	2.8	−1.9
13	巴西	2149	2.5	−2.0
14	卡塔尔	1966	2.3	6.3
15	挪威	1916	2.2	−7.0
16	安哥拉	1784	2.1	3.4
17	哈萨克斯坦	1728	2.0	−1.6
18	阿尔及利亚	1667	1.9	−0.9
19	利比亚	1509	1.8	215.1
20	英国	967	1.1	−13.4
—	全世界	86152	100.0	2.2
—	OPEC	37405	43.4	3.9

注：本表所列石油产量包括油砂、页岩油。
资料来源：《BP 世界能源统计报告》（2013 年）。

第三章 世界能源供给结构急速变化

其实,叙利亚的石油产量本身并不大,世界原油价格的大幅波动并不是叙利亚局势本身引起的。

实际上,叙利亚的石油产量很低,2012年日产量只有164000桶,世界排名第39位,相当于世界排名第1位的沙特阿拉伯日产量的七十分之一左右。

即便如此,国际原油价格还是受到了影响,纽约的原油价格在2013年8月下旬涨至2年4个月以来的最高位,达到110美元/桶。这显示出,市场担心一旦叙利亚陷入与美国的战争状态,伊拉克等周边地区产油国的原油产量将受到较大影响。而事实上当时利比亚的石油生产陷入停顿,尼日利亚也减少了石油的生产,如果美国真的对叙利亚采取军事攻击,将会对原油市场产生很大影响。

好在当时沙特阿拉伯对扭转局势做出了重大贡献。

为应对全球对原油供给不足产生的恐慌,2013年8月沙特阿拉伯原油产量创下日产1000万桶的最高纪录。沙特阿拉伯的邻国科威特、阿联酋也同样将生产量提高到历史最高水平,世界石油供应才免受过多影响,避免了类似2011年利比亚战争以及2010~2012年中东北非地区爆发"阿拉伯之春"运动时出现的、全球石油供应绝对不足的现象。的确,中东一旦发生纷争,世界石油市场就会表现得很敏感,原油价格也会大幅上涨,所幸每次沙特阿拉伯等国家的原油供应系统都能够保持正常运转。

中东产油国的存在感将会降低吗？

显然，页岩气革命打破了世界能源的地缘格局，引发了一系列在10年前、20年前根本无法想象的变化。但是由于除美国之外的世界各地区所蕴藏的页岩油、页岩气大多处于休眠状态，所以不能武断地认为中东产油国的存在感正在不断降低，至少目前形势还没有发生大的变化。不仅如此，沙特阿拉伯等国还在持续增加投资以扩大原油生产规模，力图更好地完成全球石油供应的使命。

虽然很多国家对页岩气、页岩油的开发寄予厚望，但是由于开发页岩气、页岩油需要解决的课题还有很多，短时间之内在世界其他地区再现与美国一样的页岩气革命是非常困难的。但是正如美国页岩气之父乔治·米歇尔（2013年7月26日逝世）所做的那样，技术创新永无止境。也许在21世纪的某个时刻，某些地区休眠中的页岩气资源会被开发出来，那里便可以实现能源资源的自产自销、自给自足。到那个时候，中东产油国的存在感或许会降低，也许还将造成动乱局势。

不过，目前情况还未至此，虽然石油价格不如过去稳定，但是，即便在页岩气革命方兴未艾的今天，支撑世界石油市场需求的供给体系依然发挥着主导作用。那么，页岩气革命之后，究竟哪些方面会发生变化，哪些方面不会发生改变呢？

无论雷曼危机，还是页岩气革命，一旦发生某些举世震惊的事件，人们往往会对未来产生过度的恐惧或过多的期待。所以，越是有影响力的事件，就越应该从更多的视角进行分析和思考。目前，中东的原油供给体系依然发挥着主导作用，但世界能源的供给结构正在或者已经悄然发生变化。这是现实情况。

美国成为全球最大的能源资源国家

根据国际能源机构（IEA）2012年公布的预测数据，美国的天然气生产量将在2015年超过俄罗斯，石油生产量将在2017年超过沙特阿拉伯，成为全球最大的资源国。事实也的确如此，美国将借助页岩气革命而成为世界最大的能源国家，但这并不意味着美国将成为全球最大的"能源出口国"。

美国政府出于保障能源安全的考量，将天然气出口对象限制于自由贸易协定（FTA）缔约国范围内，对日本出口只是一个特例，因为日本是美国的同盟国。而且美国对石油出口的限制或许会进一步加强。

总之，虽然美国实现了页岩气革命，使天然气和石油的价格远远低于国际价格，但美国也不会成为第二个沙特阿拉伯，更不会成为第二个俄罗斯或者第二个卡塔尔。作为巨大的能源消费国，美国国内生产的天然气和石油大多用于国内市场，由此，美国经济的国际竞争力大幅提升。对于美国页岩气革命为世界能源格局带来的影响以及今后的变化，我们必须冷静对待，而不应抱有过度期待。

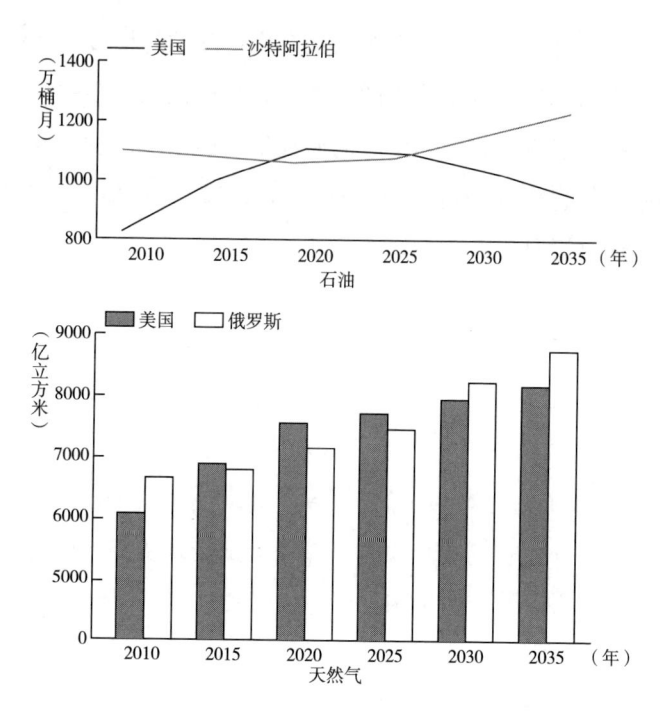

图 3-1　部分国家石油、天然气的年生产量预测

资料来源：国际能源机构（IEA）2012 年 11 月的报告。

世界能源格局正在发生变化

不过，世界能源的地缘结构正在发生变化，这一点毋庸置疑。页岩气革命给世界能源供给结构带来了非常深远的影响，这已经是无法改变的现实。

世间万物都是相互联系的，某一个小小的改变便可能引发一系列的变化发生，甚至牵一发而动全身，产生波及全世界的影响。就像打台球，被球杆戳中的第一个球所产生的冲撞力，会一个球接一个球地传播出去，使所有被碰到的球向无法预知的方向散开去。页岩气革命也是如此，一定会在世界范围内引发连锁反应。

页岩气革命造成的连锁反应

美国

美国是页岩气革命的发生地，在天然气进口和出口方面出现了两个"过剩"。

① 21世纪第一个10年的中期，美国曾担心天然气供应不足，计划每年从卡塔尔进口1亿吨天然气，并且在墨西哥湾加速建设LNG进口基地。孰料进入21世纪第一个10年的后期，由于国内实现了页岩气量产，美国不再需要从卡塔尔大量进口。但这也直接造成卡塔尔成为受害者。为了完成每年向美国出口1亿吨天然气的计划，卡塔尔不断扩大生产规模。由于出口美国的订单突然被取消，卡塔尔出现了每年1亿吨的天然气过剩产能。所幸，"3·11"大地震之后的日本最终消耗了这些过剩产能。

② 页岩气革命前，煤炭发电与石油、天然气发电的区别在于，煤炭发电产生大量的二氧化碳，造成严重的环境污染，但是价格便宜，因此过去美国一直都使用煤炭发电。页岩气革命使美国的石油、天然气价格比煤炭还要便宜，所以大量的火力发电厂开始转为使用天然气发电，造成了美国国内的煤炭"过剩"。这些本应在美国国内消耗的"过剩"煤炭又将去向何方呢？答案是：欧洲。

日本

2011年3月11日大地震之后,位于福岛的核电站发生泄漏,日本陷入电力供应严重不足的困境,情况危急。当时日本所有核电站都停止发电。但是如何应对即将到来的夏季用电高峰呢?日本的电力生产企业重新启用了国内的火力发电厂并且满负荷生产,使日本度过危机,避免了大规模停电。

但是,很少有人了解此次火力发电站使用的能源是如何调配而来的。人们只是看到,核泄漏事故之后,虽然所有的核电站都被关闭,但是电力供应却并没有中断。所以很多人单纯地认为,"没有核电站不是也没什么问题吗?""停止核能发电,转为火力发电不是很好吗?"

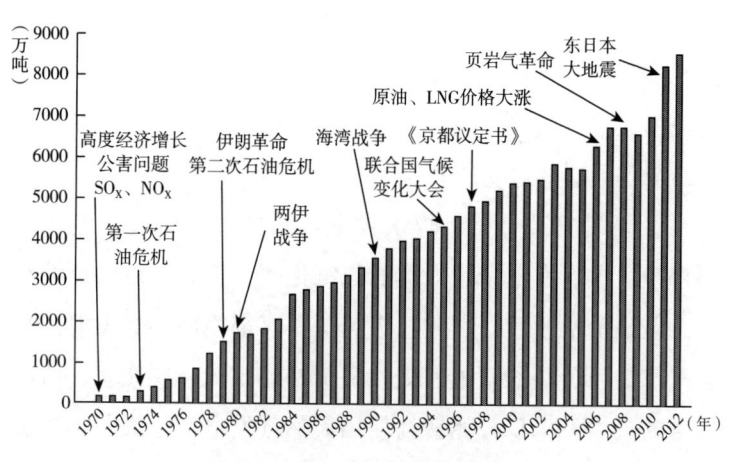

图3-2 日本LNG进口量的变化

资料来源:日本石油天然气·金属矿物资源机构(JOGMEC)。

第三章 世界能源供给结构急速变化

当然,火力发电本身没有问题,问题在于燃料 LNG 从何而来呢?天然气并非一夜之间可以大量开采、大量液化、大量运输的商品。

那么,"3·11"事件之后突然运到日本的大量的 LNG 从何而来呢?答案是:卡塔尔。恰因美国页岩气革命造成卡塔尔生产的大量天然气成为市场供应剩余,给日本解了燃眉之急。因此从这个意义上讲,日本也是美国页岩气革命的受惠者。

卡塔尔

由于美国取消了从卡塔尔每年进口 1 亿吨天然气的计划,卡塔尔产生了大量的天然气市场供应"剩余"。虽然这些剩余的一部分被日本消化了,但并非全部,为此,卡塔尔不得不寻找新的客户,并希望将 LNG 销往欧洲。长期以来,欧洲各国的发电企业依靠的是来自俄罗斯的管道天然气。换言之,欧洲传统上是俄罗斯天然气的市场。如今,卡塔尔以廉价销售的方式与俄罗斯争夺欧洲市场。

包括卡塔尔在内的中东地区国家向美国出口石油的数量也在减少。根据国际能源机构(IEA)的预测,中东地区对美国的石油出口量将从 2012 年的 270 万桶/日,到 2018 年减至 170 万桶/日。

欧洲

欧洲的天然气长期以来严重依赖俄罗斯,为此,欧洲一直希望摆脱对俄罗斯的依赖关系。俄罗斯曾经为了向乌克兰施加压力而完全中断了经由乌克兰输往欧洲的天然气供

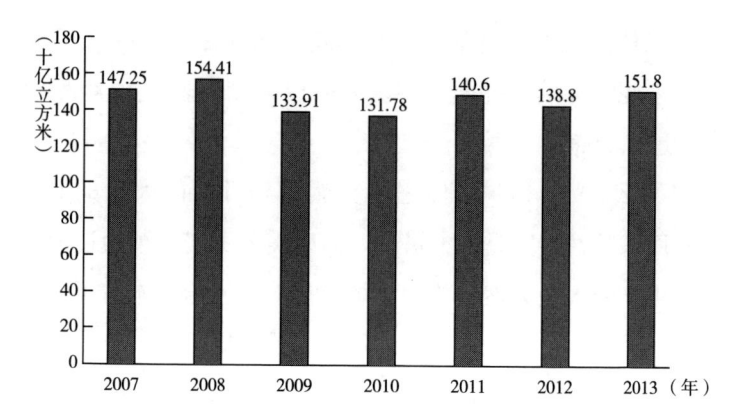

```
(十亿立方米)
180
160   147.25  154.41
140           133.91 131.78  140.6       151.8
120                                138.8
100
 80
 60
 40
 20
  0
      2007   2008   2009   2010   2011   2012   2013 (年)
```

图 3-3 俄罗斯天然气工业股份公司 (Gazprom) 向欧洲的天然气出口

说明：俄罗斯天然气工业股份公司是俄罗斯半国营的天然气专营企业；2013年的数据是 6 月份出台的当年的目标值。

资料来源：根据日本石油天然气·金属矿物资源机构的资料制作。

应，造成多个欧盟成员国陷入天然气供应危机。俄罗斯的政治诉求使它的天然气供给很不稳定，欧洲各国一直对此深感担忧。在此背景下，欧洲各国纷纷增加对美国廉价煤炭的进口，以降低对天然气的需求。在卡塔尔能够供给廉价天然气的情况下，欧洲正在努力逐步减少从俄罗斯进口天然气。

俄罗斯

2013 年 4 月 28 日，日本首相安倍晋三访问俄罗斯。两国首脑就包括北方领土问题在内的诸多问题进行了会谈。两国首脑将北方领土问题摆到桌面上来讨论，是自桥本政府以来的首次，距上次类似内容的会谈已经过去了 10 多年。当然，这其中一部分是安倍外交的成果，但是作为时代背景，

第三章 世界能源供给结构急速变化

页岩气革命对俄罗斯的影响也不容忽视。

俄罗斯受美国页岩气革命的冲击较大。对俄罗斯而言，欧洲历来是最大的天然气出口市场，如今受到美国廉价煤炭和卡塔尔便宜天然气的冲击，俄罗斯对欧洲的天然气出口骤减。雪上加霜的是，波兰等一些欧洲国家已经探明在其国土领域内蕴藏有页岩气和页岩油资源，并且开始开发。

总之，页岩气革命给世界能源供给结构带来了各种意想不到的变化，甚至整个能源供应链都在发生改变，而且未来这种改变还将持续。

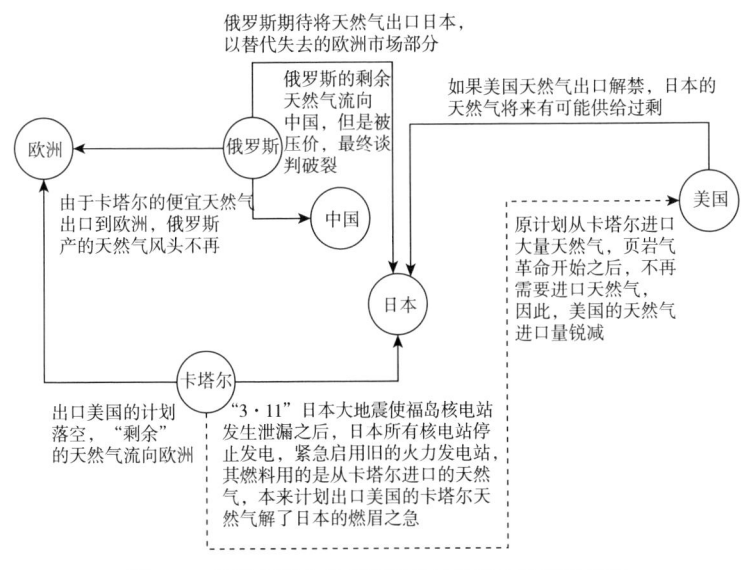

图 3-4 页岩气革命给能源供给结构带来的连锁反应

第二节　令人头痛的环境问题与对策

页岩气的潜能

"北美洲的天然气开发事业不仅对美国很重要，对全世界也具有重要的意义。"

埃克森美孚CEO雷克斯·蒂勒森在2012年8月版《外交》杂志上发表的一篇访谈文章中谈道，从电力生产可以看到天然气具有很高的潜能，全球天然气的市场需求将会迅速增加。

"无论储藏量、价格还是性能方面，天然气都有巨大的潜能值得期待。我们认为今后25~30年，世界天然气需求量将增加60%，天然气作为一种产量快速增长的能源资源，将满足世界25%的能源需求。"

美国泰圣（TERASON）CEO认为，天然气的用途和功能最具魅力。与石油和煤炭相比，天然气的二氧化碳排放量少，是一种相对清洁的能源。

"重要的是，能源消耗最大的电力生产部门对天然气的需求将不断增长。从全球市场来看，电力生产规模急速扩大，毕竟世界上还有很多地区未能享受到电力供应所带来的便利。"

以几个新兴国家的情况为例便可以知道，现在地球上仍然有很多国家和地区不能像发达国家一样自由地使用电力。在这些国家，工业园区需要准备预备电源，这甚至成为一种常识。在那些地区和国家，因为电力不足，家庭内的洗衣机、冰箱和电视机等电器不能正常使用，对他们来说这已经司空见惯，因为毕竟在此之前很多地区根本没有供电设备！

为改善全球环境而发挥作用

埃克森美孚 CEO 认为，天然气不仅有助于满足全球急剧增长的电力需求，同时在改善环境方面可以发挥卓越作用。

"在美国，电力生产使用的能源已经开始从煤炭转化为天然气。根据国际能源组织的调查，2006 年以来，美国的二氧化碳排放量减少了将近 8%。其中，美国的电力生产部门凭借从煤炭发电转为天然气发电而做出了重大贡献，可见，由煤炭发电向天然气发电的转换，不仅提升了人们的生活质量，而且在气候变化治理方面也发挥了非常重要的作用。"

页岩气革命不仅造成世界能源市场的地缘性结构变化，而且也让我们重新认识到天然气在环境保护方面的作用。

井水正在发生变化？

根据 2010 年美国能源部数据，在美国页岩气占天然气生产总量的 23%，但是开采页岩气中使用的水力压裂技术本身也会对环境造成影响。

在页岩气开采过程中，需要向地下 1500~3000 米垂直钻井，到达页岩气储存层后，再向水平方向钻井并铺设开采管道，然后进行水力压裂。水力压裂是将混合有化学物质的高压液体注入页岩层，加压使页岩层发生龟裂、使页岩气层岩石的孔壁发生破裂，从而使页岩气被释放出来。水压法技术为了防止页岩层的龟裂重新愈合，因此在压裂时使用混合有砂和化学物质的液体。

由于开采页岩气使用的水力压裂技术，需要向地表深处注入大量混合化学物质的水（液体），事实上对环境不可能不产生负面影响。从2009年3月到2011年4月，美国环境保护局（EPA）针对当地居民投诉井水有异味、水质发生变化的问题，对怀俄明州进行了调查。调查结果表明，比较浅层的地下水检查出含有高浓度的轻油精和甲烷等，深层的地下水则检测到了乙二醇、乙醇等。美国环境保护局认为当地的地下水之所以含有这些物质，受水力压裂影响的可能性很大。

无法进入环境污染的"现场"

日本新闻媒体的国际栏目曾经多次报道，美国当地有些家庭的水龙头发生天然气泄漏，甚至点火便能持续燃烧，并且还附有照片。日本的电视台也报道过美国环保组织反对在美国纽约近郊的马塞勒斯页岩分布地区建设油气输送管线。

2013年5月，东京电视台的《未来世纪——日本》节目组在采访美国得克萨斯州、俄克拉何马州、路易斯安那州的勘探开采现场和LNG出口基地时，曾希望将摄像机带入那些发生环境污染情况的现场进行拍摄，虽然采访并非针对页岩气开采所使用的水力压裂技术，也不是针对美国。另外，很多国家的环保人士，当然，提倡环保运动的不仅仅限于民间的个人和团体，还有一些执着于对任何环境污染现场进行采访的节目制作人，他们也希望亲赴问题现场进行采访，并且计划与相关部门协调，转达民众的心声。

但是，节目制作组经过漫长的等待之后，最终也未能得到批准。无论水龙头点火就能燃烧的家庭，还是饮用水井发生异味的地域，或是水力压裂技术的回收废水导致水质污染的地区，总之，所有申请去现场进行采访的计划都未能实现。

美国也面临巨大压力

由乔治·米歇尔1998年研发成功的水力压裂技术应用于页岩气开采后，一直对环境有影响，甚至可能已经对环境造成了深刻的负面影响。但是，这并不意味着美国所有的页岩气开采现场在环境污染方面毫无防御措施。长期以来，美国将确保能源自给、摆脱对中东能源的依赖作为能源独立的目标，现在终于从页岩气开采事业中看到了希望，如果因为环境污染问题而使目标化为泡影，这是美国最不愿意看到的。因此，在此问题上，美国必然要有所作为。

"关于土壤污染等环境问题，美国是全世界法律法规最严格的国家。"

熟悉美国环境问题的日本FINEV[①]公司董事长光成美纪就环境问题的本质提出：

"环境问题是由于人口急剧增长使废弃物和能源消耗、水

[①] 一家对环境、共同申报准则（CRS）、经营等进行市场调查的咨询公司，设立并运营了一个"页岩气、页岩油开采环保法规"的网站。——译者注

资源消耗等大幅增加,超过了自然环境的恢复能力而产生的,页岩气开采所引发的环境问题也是如此。由于页岩气开采量急剧增长,环境问题便会随之产生。关于美国环境问题的资料,我手头已经收集到的数量非常庞大,并且根据这些资料可以了解到,美国国内对该问题已经进行了大量的研究。

"这里暂不赘述其中的细节,从结论而言,美国联邦政府已经在2012年拿出了阶段性的研究报告,今后随着调查不断深入,计划于2014年制定出纲领性的治理策略。另外,正在开采页岩气、页岩油的各州也正在制定州立法律法规。总之,必须从环境污染与页岩气开发之间的因果关系和现行的实施方案出发,综合考虑环境问题,同时也应注意其中很多不确定的因素。"

环境产业活力初显

在美国,研究并解决环境问题并不完全是政府部门的责任,一些民间企业也发挥着重要的作用。而且,美国对环境的治理是多元化的,并不是仅仅强化对能源开发公司的规定,民间的环境产业相关的企业也发挥了重要的作用。

"美国很重视环境监测、环境改善等方面技术的发展,我正在关注美国环保产业的动向。包括页岩气开采造成地下水污染问题的应对措施在内,美国的环境产业充满了商业机会。为了解决环保技术人员不足的问题,国家加大对培养年轻技术人员的扶持力度。从产业链价值分析到专业设备制造,美国的环保产业都获益颇多。环境保护方面的法律法规也逐渐完备，环保相关的研究也在顺利推进，环保技术得到提高，美国的环保产业整体呈良性发展。"

进一步说，对于日本与美国在环境保护相关法律法规上表现出的思维方式的差异，我们需要重新认识。日本社会几乎对所有问题，在认识上都很容易陷入情绪化、简单化，习惯于为某件事情贴上善或恶的判断标签。但实际上，除了善、恶之外，还存在中间的灰色地带。

美国将页岩气开发置于国家战略的核心位置，这是美国制定环境保护法律法规的出发点，因此，用日本式的思维方式讨论美国页岩气开发所造成的环境问题毫无意义。

日美两国在环保规定方面思维方式迥异

"实际上，对涉及地下水污染、土壤污染所制定的法律法规，日本和美国的思维方式完全不同。从某种意义上来说，发达国家中只有日本是与众不同的。日本在制定环境相关法律法规时采取的办法是，制定相应的环境标准，用标准值对环境进行衡量。但美国和欧洲各国的法律法规则拥有比较完整的风险评估体系。"（光成美纪）

在制定防治土壤污染的相关法律方面，美国和欧洲各国都将土地的状况列为考量因素之一，对土地进行综合风险评估。

"在制定防治土壤污染相关法律时，美国和欧洲各国还会考虑土地过去及今后的用途，如是否继续为工业用地，或将来可能建设成为饮用水源地、住宅用地等，在此基础上再决定采取何种对策。"

而且，美国也并不会依据法律法规千篇一律地处理环境污染问题，而是会根据个案特点进行处理。但这绝不是意味着美国的环保法律法规很宽松，相反，美国在环保方面的规定比日本要严格得多，处罚也非常严厉。光成美纪如是说：

"例如，关于土壤污染的问题，日本法律认定造成土壤污染的物质种类只有十几种，但是美国却按照化学方程式确定，因此受到管制的物质种类达到1000种以上。在日本，发生土壤污染后，被问责的对象主要是土地目前的所有者；但是在美国，问责对象不仅仅有土地现在的所有者，还可以追溯到过去的土地所有者，即便没有过失也必须承担连带责任。在日本，造成土壤污染的人不会被追究刑事责任，但是美国则会根据情节轻重追究其刑事责任。管理制度非常严格。"

目前美国在环境问题上究竟面临什么？以下引用FINEV网站内容：

"现在公众担心的环境问题，主要包括水污染及大气污染。水力压裂法需要向地层深处注入大量的水，这些水中需要添加0.5%~2%浓度的丙烷和其他少量化学物质。人们担心开采过程中产生的废液和化学物质造成的地下水污染，同时也担心开采过程中释放出的甲烷等气体可能造成温室效应以及钻井过程中造成的空气污染等问题；还有观点指出废水处理过程中可能会诱发小规模地震。

"美国正在对水资源消耗、废水处理、地下水污染、甲烷的排放、废水处理时诱发地震等问题进行调查研究，2012年底公布了阶段性报告，并计划于2014年出台相关法律。另外，进行页岩气和页岩油开采的各州也分别制定了法律。当然州与州之间的法律还存在很大差异，其中不仅在'水力压裂法'相关的法律方面，还包括各种与环境相关的法律（例如地下水污染防治法、饮用水污染防治法、有害物质的废水污染防治法）在内。美国既有联邦法，又有州法，纷繁复杂，但无论在出发点还是在法律思维方面，日本都与其存在较大差距。"①

毫无疑问，在美国页岩气革命为社会生活的各个方面带来积极变化的背后，所造成的环境污染问题也不容忽视。在一些地区的确发生过居民受到危害的事件，因此很多美国人对页岩气开发所带来的环境污染问题表现得十分忧虑。但是，正因为美国聚集了高端的技术和人才，拥有遍布全境的油气输送管线，有大量的投资热钱持续涌入，所以才成就了页岩气革命。美国在环保法制法规的层面上也必须要跟上脚步。

对水力压裂法持批评态度和认为这种技术会引起环境污染的观点，似乎过于武断。当务之急是要制定相应的法律法规，使水力压裂技术对环境造成的负荷不要过大，设立标准并付诸实施。

光成美纪讲到美国目前环境问题的真实状况时表示，"美国确实存在一些素质低劣的油气开采公司，也确实有一些未能进行严格管理的开采现场。但如果将这些问题扩大化，认为全部的开采企业都存在问题，那是错误的"。

---

① http://www.finev.co.jp/contents/shalegas/.

第三节　中国的渴望

中国页岩气可开采储量全球第一，但面临较多问题

美国能源信息署 2013 年 6 月 10 日发布报告称，中国是全世界"技术性可开采"页岩气储藏量最大的国家。

中国页岩气可开采储藏量约为 1115 万亿立方英尺（约 31.57 万亿立方米），为世界第一，远远超过美国和加拿大可开采储藏量的总和。对世界头号能源消耗国中国而言，页岩气储藏量全球第一无疑是个福音。2011 年，中国政府公布了页岩气开发五年计划，提出到 2015 年生产量达到 65 亿立方米、2020 年达到 600 亿~1000 亿立方米的目标。

中国石油天然气集团和中国石化集团等国有石油公司已经在四川等地进行试验性开采，有 70 多家公司参加了政府招标。

但是，大多数的专家认为，中国的页岩气开发距离走上正轨还需要相当长的时间。2015 年生产量达到 65 亿立方米的政府目标，只是中国天然气年消费量的百分之一而已。但即便如此，依然有很多意见认为，"中国很难实现这个目标"。

为什么中国难以实现对页岩气进行正式开发呢？主要原因在于，中国的页岩气储量主要在四川，那里历来被认为是"地质博物馆"，地质结构相当复杂。

中国的页岩气储层也比美国深得多，这无疑增加了开采成本。另外，页岩气的开采还需要水力压裂技术，但中国不能完全照搬美国已经成熟的技术，必须要根据不同的地质特点调整添加混合物的比例和压力指标。但目前中国在这些技术和经验方面尚有不足。

同时，严重缺乏油气输送管线等基础设施也是重要难题。美国境内的输送管线已经四通八达，总长度达到 48 万公里，而中国仅有约 4000 公里，中国政府面临"开采的页岩气向哪里输送"的问题。现在还未获闻中国政府建设页岩气输送基础设施的计划。

开采页岩气离不开水。现有的页岩气开采技术需要将以百万升计的水、沙和化学药剂等混合后注入页岩井，对页岩气层加压使其破裂以使其中的页岩气溢出。中国若对页岩气进行规模化开采，水的供应也是一大难题。美国虽然不是水资源丰富的国家，但是得克萨斯州附近的美国南部地区，在水资源调配方面不存在困难；而中国的页岩气储藏地区大部分位于沙漠地带，水资源调配是相当棘手的难题。基于以上多方面原因，中国的页岩气开发困难重重。

鼓励美国企业在中国投资

中国作为一个拥有 13 亿人口的大国，对于能源的渴望逐年趋于急切。根据总部位于英国的国际石油公司（BP）每年发布的能源白皮书，2012 年中国一次能源消费量居世界首位，约相当于 27.4 亿桶石油，2008~2012 年的五年间增加了 28%。

目前，中国一次能源消费量的 70% 来自煤炭，这也是造成中国大气污染的原因之一。近几年来，中国大气污染确实比较严重。雾霾最严重时，首都北京的大气能见度只有几十米。据说阻碍视线的雾霾是一种被称为 PM2.5 的颗粒物，其源头之一就是煤炭燃烧排放的废气。用清洁能源的天然气替换煤炭，是中国政府的夙愿。

2013 年 7 月，中美首脑会议在华盛顿召开，双方在经济战略对话中谈到了页岩气。中国对进口美国 LNG 非常感兴趣，同时也表达了欢迎美国企业到中国投资开发页岩气的愿望。

而事实上，中国的石油巨头企业也在积极投资北美的页岩气开发。当然，这些动作是为了确保中国能源供应的稳定，同时也希望获得页岩气开采的技术和经验，以加快中国页岩气开发的速度。

与俄罗斯之间的讨价还价

中国开发页岩气有多重目的。

回顾历史，中国与俄罗斯之间的关系一直都很复杂。《页岩气革命为何物》（东洋经济新报社）的作者井原贤认为，"中国大力开发页岩气的背后是中俄两国之间的博弈，一方是'想要以出售给欧洲的价格向中国供应天然气的俄罗斯'，另一方是'想与俄罗斯讨价还价的中国'"。

井原贤的解释具有一定的说服力。2011 年 6 月 16 日中国国家主席胡锦涛和俄罗斯总统梅德韦杰夫进行了首脑会谈。双方就悬而未决的"天然气供应问题"进行了磋商，但是最终未达成共识。井原贤在《页岩气革命为何物》一书中

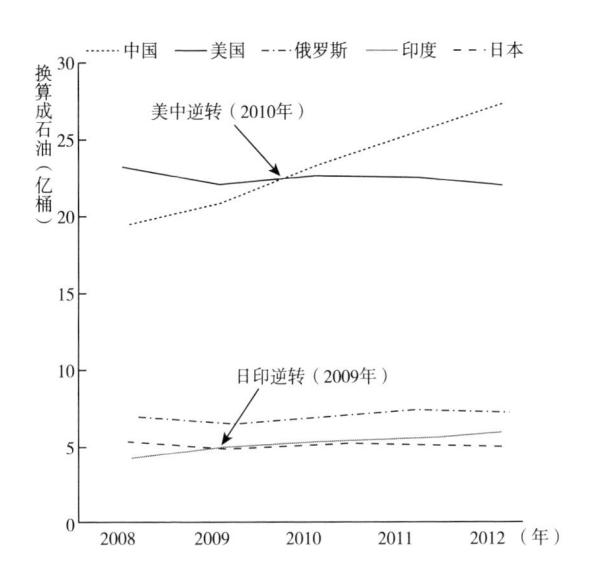

图 3-5　中美俄印日一次能源消费量

资料来源：*BP Statistical Report of World Energy 2013*。

详细介绍了中俄双方谈判决裂的过程，以下是内容引用："由于卡塔尔增加了天然气生产量，俄罗斯天然气在欧洲市场所占份额暂时出现缩水。俄罗斯希望中国能够吸收这部分天然气，以欧洲购买的价格来购买俄罗斯的天然气。但是，由于中国已经开始从土库曼斯坦及乌兹别克斯坦等中亚国家进口廉价的天然气，所以提出希望以低于俄罗斯输欧天然气的价格（每 1000 平方米便宜 100 美元）购买。"

在俄罗斯与中国围绕天然气价格问题争论不休的时候，中国媒体于 2011 年 6 月 27 日报道称，中国政府对贵州及重庆约 4000 平方米页岩气的开发权进行第一次招标，中国石油化工集团与河南省煤层气开发利用有限公司所属企业联合中标。

2012年3月，中国的能源巨头中国石油化工股份有限公司发布公告称，四川省的元坝气田成功完成了日生产天然气1700万立方英尺（48万立方米）的任务。该消息让业内人士大为惊诧。2012年6月，在第二次招标时，中国国土资源部也允许省级企业投标，而不再限于国字头的石油公司。

显然，这是中国政府的策略。通过展示在页岩气开发方面的力度来强调本国一次能源来源的多元性，以赢得在与俄罗斯天然气价格谈判中的有利地位。

并非易事的页岩气开发

中国的页岩气开发状况究竟如何？2012年中国石油化工股份有限公司发布公告后，截至目前还未获得实质性进展的信息。

美国《华尔街日报》(Wall Street Journal)于2013年9月5日登载了一篇意味深长的报道，题目为《能源"饥渴"的中国为加入页岩气开发大潮奋力苦战》(Energy-Hungry China Struggles to Join Shale-Gas Revolution)。

文章报道了荷兰皇家壳牌石油公司付出巨大努力，在中国四川盆地的元坝地区进行页岩气开发的情况。其实不仅中国如此，其他那些已经探明页岩气、页岩油储量丰富的国家也面临同样处境，很难复制美国页岩气革命的辉煌。

很多页岩气储量丰富的国家，在页岩气开发的道路上遭遇到诸多难题，其中包括水力压裂开采法所需要的水资源不足、缺乏掌握现代安全开采知识的采矿技术人员等。另外，其他国家也不同于美国的土地所有制，土地所有者不一定拥有地下资源，这也是阻碍这些国家页岩气开发的一个重要因素。而且与美国相比，中国的页岩气储层较深，地表条件更为复杂。

美国《华尔街日报》还指出，在页岩气开发方面，中国不仅存在以上问题，还面临着一些中国特有的困难。

"'水力压裂法'的管理和监测机制不完善，也是中国页岩气开发过程中存在的重要问题。同时，中国的页岩气市场机制仍需进一步完善。中国的能源价格（物价上涨导致成本上升时）由政府统一管理，因此，企业开发页岩气能否获得收益还是未知数。这个问题在很大程度上影响了企业开发页岩气资源的积极性。"

能否实现既定目标尚存疑问

虽然面临重重困难，中国政府依然制定了页岩气开发的相关规划，并计划将天然气在能源消费总量中所占比例由2010年的4%提高到2015年的8%。直到2012年为止，中国虽然尚未实现页岩气的规模化开采，但是规划内容显示，在2015年之前，中国不仅要实现规模化生产，而且还要实现65亿立方米的生产量。

中国究竟能够在多大程度上实现以上目标还属未知，也许只是为配合与俄罗斯之间的天然气价格谈判而使用的策略而已。但是，能源"饥渴"的中国希望扩大清洁能源天然气供应的意图已经表现得非常明显。降低天然气进口依存度，

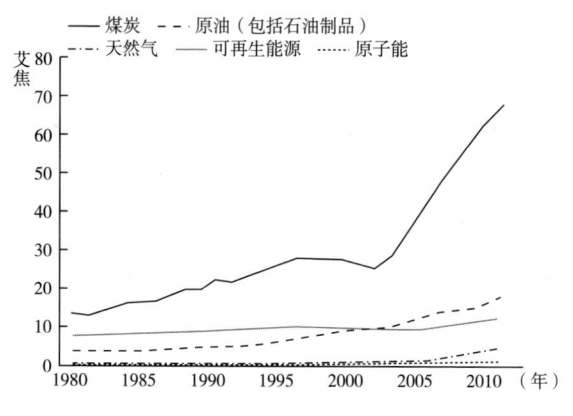

图 3-6　中国主要的一次能源消耗量

资料来源：IEA 数据（资料）。

从大气污染之源的煤炭依赖中走出来，是中国的真正目标。

无论主动还是被动，荷兰皇家壳牌石油公司、埃克森美孚、雪佛龙菲利普斯化工有限公司等石油巨头，都先后加入到中国页岩气开发的企业队列中。

第四节　欧盟的天然气进口去俄罗斯化趋势

以核电立国的法国态度消极

世界石油巨头企业不仅纷纷加入中国的页岩气开发事业，而且还使页岩气开发的浪潮席卷了整个世界。雪佛龙菲利普斯化工有限公司开始在波兰、乌克兰① 进行页岩气开发，

---

① 乌克兰非欧盟成员国，原书有误。——译者注

荷兰皇家壳牌石油公司也着手开发乌克兰的页岩气。

  欧洲各地页岩气蕴藏量丰富，因此可以猜测，能源无法自给的欧洲各国应该对页岩气开发表现积极，但是事实上欧盟各国反应不一。

  法国态度消极。虽然已经探明巴黎郊外地区蕴藏有页岩气，但是储藏量较少，而且若在该地区进行页岩气开发也存在很大的困难。

  同时，法国作为农业大国和旅游大国，一直坚持以核电立国，不仅本国的电力供应主要来源于核能发电，而且还向周边国家出口，完全废除了核能发电的德国是法国电力出口的购买方。总之，对于欧盟境内的页岩气开发，法国持消极态度。

  实际上，波兰、乌克兰等东欧国家的页岩气资源蕴藏量

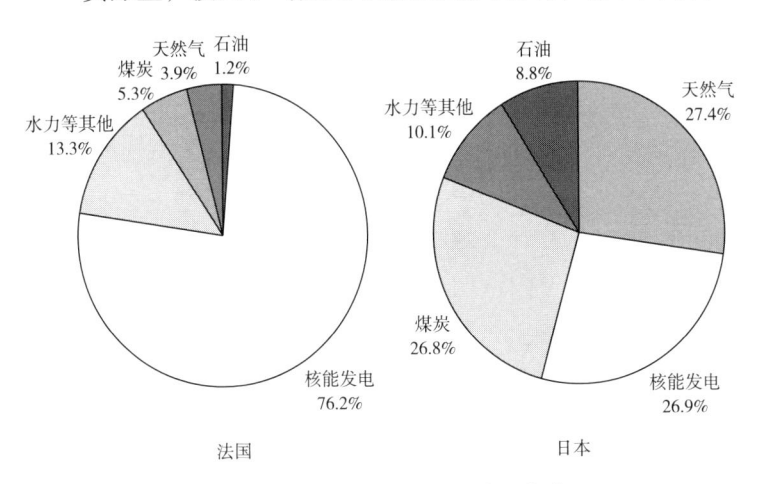

法国
- 核能发电 76.2%
- 水力等其他 13.3%
- 煤炭 5.3%
- 天然气 3.9%
- 石油 1.2%

日本
- 天然气 27.4%
- 核能发电 26.9%
- 煤炭 26.8%
- 水力等其他 10.1%
- 石油 8.8%

图3-7　法国和日本发电量的电源构成

资料来源：经济合作与发展组织、国际能源署。

较为丰富。对于长期以来依赖俄罗斯天然气供应的波兰和乌克兰而言，页岩气开发是可以影响国家命运的大事。这些国家不仅希望摆脱俄罗斯的能源控制，而且还希望凭借页岩气开发而一跃成为能源出口国，因此页岩气开发事业的成功与否具有重大意义。

希望获得页岩气的德国

不仅东欧国家如此，需要通过东欧的油气输送管道从俄罗斯进口天然气的欧盟各国当中，除法国之外，其他国家都希望摆脱对俄罗斯能源的依赖。

但是欧盟国家实现能源自给却是法国不愿见到的。法国为进一步扩大电力供应能力，新建了核能发电站。页岩气开发很可能影响法国的计划，因此法国对页岩气开发表现得十分紧张。

2011年法国参议院议会通过了禁止使用水力压裂技术开采页岩气的法案，以环境保护的理由禁止使用水力压裂法。

而宣布全面废止核能发电的德国，却非常希望能够获得页岩气、页岩油。2002年，当时的施罗德政府决定，在2022年前逐步关闭德国境内正在运行的全部17座核电站。而2005年上台的默克尔政府曾经试图改变前任政府制定的弃核政策，于2010年9月宣布延长德国境内核电站的使用期限。就在默克尔政府的决策饱受争议的时候，日本发生了福岛核泄漏事故，成为德国废核政策再次转舵的契机，德国重新回到弃核的道路上。为了弥补放弃核电造成的能源供应缺口，加之美国页岩气革命导致燃煤价格下跌，德国不得不重新建设燃煤电厂。如此一来，德国虽然从核电的危险中摆脱出来，但又陷入了二氧化碳排放增加的困境。

德国放弃本国核电却从法国购买核电，弃核政策受到法国人的强烈嘲讽。

"既然德国彻底反对核能发电，说明核能发电很危险，那么我们冒着巨大危险得到的核电，就应该以更高的价格出售给他们，我们应该提高核电的售价。当然，德国肯定是不会同意的，谈判必然决裂。如此一来，法国便应该明智地选择将新建的核电站全部集中在法德两国边境线附近。"

这不仅是一个黑色笑话，其中也包含着一些真实信息。德国和法国的关系一直如此，虽然两国本是唇齿相依的邻国，但是两国之间的确存在着情绪上的对立。

面对俄罗斯的能源控制，欧盟各国束手无策

德国等欧盟国家严重依赖来自俄罗斯的天然气供应，这种局面非常糟糕。如果俄罗斯对乌克兰政府不满，便可以切断天然气供应。一旦俄罗斯停止对乌克兰的天然气供应，就必然造成欧盟的天然气供应也被切断。欧盟各国的能源供应受制于俄罗斯，但苦于无解决良策。

正如前文所述，卡塔尔扩大了天然气生产，但同时美国却因页岩气革命减少了从卡塔尔的进口，因此卡塔尔不得不将 LNG 销往欧洲。德国等欧洲国家既希望"脱离核电"，又希望解决环境问题，同时也希望"摆脱对俄罗斯天然气的依

赖"。在此背景下，波兰、乌克兰等国对页岩气开发的期待空前高涨。与日本一样，这些国家也期待实现能源供给来源的多元化。

能源大国俄罗斯也陷入困境

实际上，俄罗斯也陷入了困境。普京上台以来，一直将经济战略增长重点放在天然气出口上。但是随着包括页岩气在内的全球能源供应多样化，能源供给出现过剩，导致作为俄罗斯经济最大增长点的天然气价格下降。而且，俄罗斯的一部分老客户流失，一部分老客户减少交易量，使俄罗斯的天然气出口贸易雪上加霜。俄罗斯恐怕今后还要面对利益不断流失的局面。这对俄罗斯简直是双重打击。

其结果造成日本市场对于俄罗斯的重要性发生了戏剧性的变化。日本加速推进能源供应源全球多元化，极大地影响了日俄关系。

在此背景下，安倍首相于2013年4月访问俄罗斯。这是安倍在其第二任期内首次访俄。这次访问中，安倍首相突然提出希望俄罗斯归还北方领土的要求。十几年来两国之间关于北方领土问题的对话尚属首次。过去，俄罗斯在与邻国解决领土争端时曾经采取了"对争议区域双方各取50%"的原则，即，对于有争议的领土，双方各自拥有面积的50%。据说安倍首相此次提出也应按此原则解决北方领土问题。

日本幻想根据此原则收回北方四岛（俄罗斯称"南千岛群岛"）中的三岛。当然，日本认为俄罗斯全部返还北方四岛才是最好的解决方案，返还三岛并非最终目标。但是，十多年来，俄罗斯对日本要求返还北方四岛的要求一概不予回应。因此，日本提出领土要求已经是历史性的进步。安倍首相访俄时，之所以突然提出返还北方四岛的要求，其最大的底气在于页岩气革命。俄罗斯最渴望的是打开日本天然气进口市场，以弥补欧洲减少俄罗斯天然气进口的缺口。

日本的对俄战略

毫无疑问，日本现在排在俄罗斯天然气出口潜在购买客户的首位。

一种方案是从俄罗斯的萨哈林到日本的北海道之间，铺设一条油气输送管道，从俄罗斯向日本输送天然气。这一方案一旦得以实现，俄罗斯和日本便可以实现双赢。但是，由于管道运输天然气必须将天然气在 $-160℃$ 的温度下液化成为LNG，这会使成本上升，价格竞争优势降低。

另一种方案，是将天然气作为燃料发电，在俄罗斯和日本之间架设输电线向日本供电。与上文中将天然气液化的贸易方式不同，电力贸易需要在海底铺设输电线，将在俄罗斯使用天然气生产的电力输送到日本。这种形式的成本相对较低，但是目前还未获得日本经济产业省的批准。

目前，日本虽然已经确定将从美国进口少量页岩气，但是主要的能源供应依然严重依赖中东地区。因此，如果能从俄罗斯大量购买天然气，将带来无法估量的益处。若能实现，不仅能够控制进口成本，更重要的是，能源几乎全部依赖进口的日本可以借此举,实现长期以来所追求的能源供应多元化的战略梦想。

现在是签署长期合约的好时机

美国的页岩气革命使俄罗斯的 LNG 出口面临挑战,这正是日本和俄罗斯签署长期且对日本有利的贸易合同的好时机。2013 年 6 月,俄罗斯国营能源巨头企业俄罗斯天然气工业公司与日本的伊藤忠商事、日本石油勘探公司(JAPEX)等五家公司就关于在符拉迪沃斯托克(海参崴)共同建设 LNG 基地达成合作意向。现在,这五家日本公司正在计划成立合资公司,并对向日本出口天然气的价格展开谈判。

据消息称,该项目计划在符拉迪沃斯托克(海参崴)和阿穆尔湾对面的罗蒙诺索夫海岭,建设三个年生产量 500 万吨的 LNG 生产工厂,并将于 2018 年初开始启动第一个工厂。第二、第三工厂建设完成的时间分别预定于 2020 年和 2025 年。天然气来自萨哈林州、萨哈(雅库特)共和国的恰扬金油田以及伊尔库茨克州油田等三个地方,通过管道将天然气输送到符拉迪沃斯托克(海参崴)。

1500 万吨的年生产量,相当于世界最大 LNG 进口国——日本年进口量的 17%。2009 年,俄罗斯天然气工业公司与三井物产和三菱商事签订"萨哈林 2 号"项目协议,共同开发萨哈林石油资源,其 LNG 生产规模为年产量 1000 万吨。上述五家公司共同建设 LNG 的项目若能够真正启动,俄罗斯供应日本的 LNG 将增加 1 倍以上。

2013 年 4 月，俄罗斯最大的国营能源企业俄罗斯国家石油公司宣布，正在与日本丸红公司商谈在俄罗斯合作建设 LNG 生产基地，计划年最大生产量为 1500 万吨左右。日本丸红公司在天然气销售、资金调配、工厂设备设计、运输等广阔领域内与俄罗斯国家石油公司展开合作，以实现向日本稳定供应 LNG 的目标。

目前这些共同开发的项目大多已经取得进展，日本在页岩气开发事业中也正在乘风前行。在页岩气、页岩油革命的大背景下，能够以更为有利的条件从俄罗斯获取天然气，对日本而言非常重要。

第五节　外交与安全保障问题

中东各产油国与美国之间的外交关系中，不安定因素增多。

今后美国会以 LNG 的形式向国外出口天然气，尽管量不会很大。但是这并不意味着美国会解除石油出口禁令。日本一些大商社的管理层人士对美国将出口石油的预测持怀疑态度。

"美国在页岩气出口上可能很快会付诸行动，但是恐怕不会解除出口石油的禁令。今后，美国将不再是能源进口大国，但也不太可能成为与沙特阿拉伯相提并论的能源出口大国。"

在这样的形势下,美国在中东地区的参与度是否会发生变化?

"由于美国对中东地区的能源依赖程度下降,其对中东地区事务的参与度也会随之下降,同时军费也将削减。在美国国内,一些观点认为,未来美国有可能会将其在中东地区所扮演的'警察官'角色让给中国。但是,由于美国与中东地区之间的联系并非仅限于能源,同时还与在美国政界拥有相当影响力的犹太人有着千丝万缕的关系,因此,美国不会轻易地放弃参与中东地区事务的机会。或许将来美国与国际社会之间的关系将不会如目前这般紧密,美国参与国际事务的方式也许会有所改变,但是这并不意味着美国会从此从中东地区'抽身',美国国内从此轻松起来。"

美国参与中东地区事务的方式究竟会不会发生变化,会发生多大的变化?各方观点不一。英国《金融时报》(Financial Times) 2013年9月6日发表的一篇文章中,谈到了页岩气革命对美国外交的影响。

根据该报道,一方面,美国的页岩气产量不断增加,而另一方面能源消费量却在下降。2013年的美国国内能源消费量比2005年高峰期下降了10%,进口的石油从2005年占石油总消费量的60%下降到2013年的40%,预计到21世纪30年代美国将实现能源自给自足。

美国对中东的关注度会降低吗?

如果美国能够实现能源自给自足,美国对中东地区的关注度是否会降低？英国《金融时报》登载了一篇题为《现实不会如此简单》的文章，文章主旨如下。

即使美国能够如其所愿实现能源独立，也不可能完全消除对中东产油国能源供应的不安。因为一旦霍尔木兹海峡被封锁，石油供应中断，中国就将陷入资源紧缺的境地，那时的美国也无法独善其身。

世界经济相互依存的程度，比以往任何时候都更加紧密，更加复杂。一旦中东的能源供应发生重大危机，必然导致经济总量居世界第二的中国经济发生动荡，也势必引起美国和日本经济的大混乱。因此，虽然美国有望实现历任总统都一直热切渴望的能源独立，但是，美国也不可能从中东的桎梏中完全解放出来。

对产油国而言页岩气开发带来的只有威胁

另外美国国内的资源价格和国际价格之间的关系问题也需要关注。由于天然气必须经过液化处理才能出口，所以天然气供应在产地国境内占有绝对优势。历史上，美国的天然气价格在美国国内供需变化的影响下形成了独立的价格体系，但是石油未能如此。英国《金融时报》称，"对于与美国缔结了同盟关系的产油国而言，页岩气革命并非其希望看到的，因为页岩气革命给产油国带来的更多的是一种威胁"。

"如果美国持续扩大页岩气产量，会造成美国国内对进口石油的需求量进一步降低，产油国将因此陷入产能过剩的危险。沙特阿拉伯等OPEC成员国将不得不或者需要减少石油出口，或者忍受石油价格的下滑。"

中东产油国的石油出口收入下降，会使中东地区的政治趋于稳定，还是会导致中东地区政治的不稳定呢？上述报道并没有做出明确的结论，读者也很难得出积极的结论。而且从长远角度来看，美国的页岩气开采技术出口也将对中东产生不容忽视的影响。

日本迎来好时机，实现能源来源多元化

虽然东京燃气公司已经确定2017年将从美国得克萨斯州凹点（Cove Point）[①]进口液化页岩气，但是公司燃料部的管理层人士认为，"根据日本燃料进口的整体情况来看，从美国进口天然气的影响非常有限"，"2020年日本进口页岩气将达到1500万吨左右，只占日本天然气进口量的两成。对日本而言，最重要的课题是如何降低其余八成的进口成本"。如果日本从美国进口的廉价天然气能够占日本燃料总量的两成，则其对降低成本的作用也将十分显著。但是美国的天然气价格并非一成不变，而是会随着美国国内供需状况而不断变化。"美国页岩气价格是随市场变化而变动的，很难预测。"三井物产常驻美国得克萨斯州休斯敦的页岩气事业部负责人松井透说，认为美国天然气价格不会变化的想法是完全错误的。

"美国天然气的价格变化基本上取决于美国国内的生产量和消费量之间的关系，价格随之上下浮动。2008年曾经上

---

① 此处原书有误，应为马里兰州。——译者注

涨到13美元，雷曼危机之后开始回落，2012年跌破2美元，而2013年又回升至4美元。美国页岩气出口日本，需要液化后装船运输，到达日本之后又要将液化的天然气重新气化，在此过程中成本增加，因此日本的购买价格不可能等同于美国国内的价格。"

从13美元跌至2美元，波动幅度大是美国天然气价格的显著特点。正如本书第一章所述，谁都无法保证当前4美元的价格水平能维持到2020年。

笔者赴美国采访时，曾就美国天然气价格的未来走势咨询天然气价格领域的分析家和学者们。虽然大部分观点乐观地认为，由于美国天然气供应过剩，天然气开采现场开工率低，目前4美元的市场价格可能会继续维持三到四年。但是也有观点认为，2020年美国天然气价格将翻倍，达到8美元左右。

事实上，的确很难预测能源价格的未来走势。但是有一点可以肯定，曾经是世界最大能源进口国的美国，实现天然气和石油自给自足的梦想已经指日可待。毫无疑问，这必将引起能源地缘政治格局的变化。

保障能源安全的意义无法估算

从日本的角度上来说，美国成为能源大国所带来的最大益处在于，有助于日本实现能源供给来源的多元化，从而进一步保障能源安全。

但是，日本人很容易将焦点集中在"能源成本降低"上，而忽视其他。"便宜"的前提首先必须是"稳定供应"，这也是一个国家最重要的国家战略。日本在本身是地震大国的情况下仍然选择发展核电，其原因也在于此。

日本之所以选择核电，当然是希望借此摆脱对中东能源的单纯依赖，实现能源供给来源的多元化。日本在经历了石油危机对经济造成的强烈冲击后，选择发展核电，目的是获得能源安全保障。虽然核电牵涉到政府、社会和民众之间复杂的利益关系，但是由于核电能够满足日本三分之一以上的电力需求，日本为获得能源安全保障，迫不得已选择发展核电。

由于福岛第一核电站事故，日本再次面临是否全面废除核电的艰难选择，而日本能源战略彻底改变的契机也同时摆在面前。

过去，日本除了从中东地区进口石油之外别无选择，现在，进口源除了美国之外，还有俄罗斯，这对日本的能源供应来源多元化战略，又增加了有利因素。特别是，美国即将成为能源大国，在能源安全保障上日本将受益良多。

第四章
我们从页岩气革命中学习什么？

第一节 页岩气页岩油的出现并非突然

曾经无人施以援手

2013年7月26日，乔治·米歇尔在他居住的得克萨斯州加尔维斯顿家中逝世，享年94岁。1998年，乔治·米歇尔成功地从得克萨斯州巴尼特页岩中开采出页岩气，那是在他去世的15年前，即79岁时。

在当时的能源界，页岩气的存在几乎尽人皆知，但是没有人认为页岩气的开采会带来经济效益，而且几乎所有人都认为页岩气根本无法开采。最先成功开采出页岩气的不是埃克森美孚，也不是陶氏化学公司，因为当时的石油巨头们都不看好页岩气开发。只有乔治·米歇尔一次又一次地尝试,最终取得突破。这不仅仅是他作为实业家的成功,他同时拉开了页岩气革命的序幕,为世界能源开启了一片全新的天地。

页岩气革命充满了戏剧性,而作为实业家的乔治·米歇尔的人生,更加充满戏剧性。在日本,他被视为"页岩气革命之父",而实际上,在将页岩气开发推向成功之前,他已经是美国屈指可数的、成功而且知名的房地产开发商了。

动力源自民间的热情

乔治·米歇尔出生于1919年。

他是贫穷的希腊移民的儿子,幼年时母亲去世。因父亲身残无法工作,他在叔叔家长大。高中毕业后服兵役,并且在第二次世界大战中参军。在美国,很多贫困家庭的孩子通过服兵役获得奖学金,得以进入大学学习。乔治·米歇尔在退役后进入得克萨斯州农工大学(Texas A&M University)石油工程学专业学习。1940年,他以第一名的优秀成绩毕业,之后创立了米歇尔能源开发公司(Mitchell Energy & Development Corp.)。之后乔治·米歇尔一直在能源和房地产开发两个领域发展。

追溯乔治·米歇尔在页岩气开发事业中取得成就的原因,可能要归功于他在房地产开发中获得的巨大成功。在乔治·米歇尔进入页岩气开发领域之前,他已经是一名著名的、实现了美国梦的大富翁了。他开发的得州伍德兰兹社区(Woodlands),以美丽、舒适、高性能而闻名于美国社会。

2013年7月，乔治·米歇尔以94岁高龄与世长辞。全球媒体以"页岩气革命之父"的美名报道了他的丰功伟绩。但在得克萨斯州，很多当地媒体是把他作为全美最伟大的房地产开发商来悼念的。

休斯敦一家"有影响力的新闻"网站（impactnews.com）所做报道很有代表性，

"全美开发最成功的房地产社区——伍德兰兹社区，是在乔治·米歇尔的设计和指导下得以实现的。这位乔治·米歇尔于7月26日在他常住的加尔维斯顿家中与世长辞。"

还有很多悼念乔治·米歇尔的报道，其中一家网站的内容是这样写的："而今，伍德兰兹社区已经美丽得让人以为不是人间之境。这里有美丽的公园，既可以垂钓，也可以河上泛舟，甚至可以在自家门口散步。伍德兰兹社区目前居住人口达到10万人，1900家公司在此设置总部。"

遗憾的是，笔者当年去得克萨斯州采访时，未能抽出时间参观伍德兰兹社区。但是每当读到关于乔治·米歇尔的介绍时，总是会有一种仿佛置身于美丽的伍德兰兹的感觉。一篇题为《米歇尔能源开发公司的起步与发展》的文章中，刊登了当初伍德兰兹社区开发初始时的照片。

1974年开盘的伍德兰兹社区建有高尔夫球场，第二年美国职业高尔夫锦标赛——PGA锦标赛就在此举行。在这个社区内，既有国际会议中心，也有酒店，还有大规模的商业中心。大学城里有孤星学院（原北哈里斯蒙哥马利社区学院）等一批公立、私立的小学、中学以及大学。在能够容纳

17000人的展览场馆中,人们经常举办音乐会等各种文化活动。漂亮的住宅群在人工湖周边林立,社区紧邻通往休斯敦和布什国际机场的高速公路。

舍弃悠闲自在的退休生活

伍德兰兹社区的开发用地达28000英亩(约113平方公里),乔治·米歇尔购买这块土地的资金来自其石油、天然气勘探事业的收入。依靠商业银行和投资银行的贷款和投资,乔治·米歇尔成为当时全美首屈一指的房地产开发商。

1992年,米歇尔能源开发公司在纽约证券交易所上市。那时,作为一个实业家,乔治·米歇尔已经功成名就。公司上市的那年,他已经73岁。在这个年龄,完全可以将公司的一切交给继承人之后在迈阿密附近过上悠闲自在的退休生活。但是,乔治·米歇尔并没有选择退休,而是将精力更多地投入到他1981年开始涉足的页岩气开发事业上。

乔治·米歇尔在页岩气开发事业中投入的资金达到600亿日元。正是由于他在房地产开发上取得了巨大的成功,才能够筹措到如此庞大规模的资金。但是,在当时的资源圣地得克萨斯州,页岩气开发不具现实可能性已经是一个公认的结论。

乔治·米歇尔多次被媒体问到同样的问题,"做这样的事情不是在烧钱吗?"当时,得克萨斯州能源行业的大佬们对页岩气的开发普遍反应冷淡。那些能够控制世界能源走势的大亨们对页岩气开发漠不关心,仿佛越是如此,才越发凸显出乔治·米歇尔对开发页岩气所表现出的异乎寻常的执着。

似乎毫无现实意义的页岩气开发

页岩气开发之所以被公认为毫无现实意义，有两大原因，一个是技术上的困难，另一个是巨大的开发成本。当时普遍认为，页岩气的开发成本巨大，企业很难做到收支平衡。乔治·米歇尔开始投身于页岩气开发是在20世纪80年代至90年代，那时的石油价格很便宜。1980年石油价格（WTI原油价格）年平均为37美元/桶，之后持续走低，到1986年，仅为15美元/桶。进入90年代之后，石油价格依然持续低迷，在15~20美元/桶浮动。此时石油价格如此之低，却投入巨额资金去开发页岩气，更加显得毫无经济意义。对于页岩气开发，那个年代的能源大亨们认为，"还是等石油价格上升到100美元的时候，再去挖页岩气吧"。

意思是，只有石油价格上涨5倍，页岩气开发在经济上才划算。等于委婉地说，页岩气开发在当时毫无现实意义。在石油大亨们看来，页岩气不值得真正去投资开发，开发页岩气根本就是无稽之谈。正是这样的背景之下，乔治·米歇尔在1981~1998年的17年间，义无反顾地坚持在得克萨斯州巴尼特页岩分布地区，专注地进行页岩气的勘探开采。

技术组合的难题

一般认为，只要掌握水平井钻井技术和水力压裂技术，便可以进行页岩气的开采作业了。很多媒体的报道文章也曾经认为这些技术都是由乔治·米歇尔发明的。但是事实并非如此。实际上，水平井钻井技术和水力压裂技术之前已经存在并广泛应用在很多场合。米歇尔所做的是将这些技术逐步导入并组合应用于页岩气勘探和开发中，在实践中不断加以优化和完善，最终实现了页岩气开发的商业化。

但是其中的过程并不容易，遭遇了很多难以跨越的技术瓶颈。而且并不是开采出了页岩气就万事大吉了，还必须处理开采过程中产生的含有多种化学物质的废水，此外，还必须处理停产后的废旧矿井，以防止残留的页岩气泄漏到大气中，等等，这些问题都必须解决。所以，在环保意识很强的美国，开发页岩气绝不是一项简单的事业。据说乔治·米歇尔本人便具有强烈的环保意识，其之所以锲而不舍地致力于页岩气开发，原因之一便在于，他认定页岩气是一种清洁能源。

来自得克萨斯州开采现场的报告

2013年，经三井物产和阿纳达科石油公司的斡旋，笔者有幸对美国伊格福特气田的勘探开采现场进行了采访。伊格福特气田是美国著名的页岩气田之一。阿纳达科石油公司是美国首屈一指的勘探公司，它在极其复杂的页岩气开发事业中脱颖而出，拥有雄厚的技术实力。伊格福特气田位于得克萨斯州西部，周围的开采工地星罗棋布。我采访的阿纳达科石油公司的开采据点，距离美国与墨西哥边境的小城市卡里索斯普林斯，开车需要约一个小时左右。

当时我们为使用哪种交通工具前往开采工地而绞尽脑汁，至今还记忆犹新。终于约定上午 7 点半，我们在开采工地附近的阿纳达科石油公司的办公室会合。为此，阿纳达科石油公司休斯敦总部的工作人员，前一天晚上从休斯敦出发，开车花费了 5 个小时才到达卡里索斯普林斯的汽车游客旅馆。在那里住宿一晚之后，第二天一早从汽车旅馆赶往办公室。

三井物产的工作人员同样也选择驾车从休斯敦出发。他们在休斯敦和卡里索斯普林斯之间的城市圣安东尼奥住了一晚，第二天凌晨 2 点左右出发前往集合地点。

而我和同事选择乘飞机前往，汇合前一天的午后，我们从休斯敦机场飞往拉雷多国际机场。拉雷多国际机场位于得克萨斯州的西端，已经非常靠近墨西哥，从那里租车用了将近一个半小时，到达卡里索斯普林斯的汽车旅馆。这个汽车旅馆是阿纳达科石油公司工作人员常用的旅馆。

一般的美国民众不会来到卡里索斯普林斯。对于在休斯敦的居民来说，卡里索斯普林斯是一个没有公共交通工具可以到达的偏远地区，我们在从拉雷多国际机场租车开往卡里索斯普林斯的路上已经有了深刻的认识。拉雷多国际机场是一个修建在乡下的简易机场，机场周边看不到任何建筑物，连天空都显得格外高远。而我们出了机场一路驱车前往卡里索斯普林斯的途中，看到的却是另外一番景象，道路两旁一座座新楼房和正在建设中的建筑物鳞次栉比。这样偏远的乡村地带，竟然也充分地获得了页岩气革命带来的好处。

仿若"淘金热"再现

但是,沿着 83 号公路行驶 20 多分钟之后,视野中已经完全不见人迹,车窗外只有绵延无尽的荒野。车在疾驰,两边的景色始终都是无边无际的干涸的土地。这里虽然在美国国内,但是已经临近与墨西哥交界的边境。没想到,30 分钟后到达卡里索斯普林斯时,完全是一番截然不同的景象。到处可以看到正在售卖的拖挂式房车。这种房车的购买者主要是那些来此地找工作的工人。周围还有房车停车场,以及汽车旅馆和刚刚开张的墨西哥餐馆。这幅情景让我仿若回到了 18 世纪的"淘金热"时代,那时,在加利福尼亚发现金矿,淘金者们蜂拥而至,梦想着一朝实现发财梦想。

我们路过了得克萨斯农工大学的分校。得克萨斯农工大学在得克萨斯州内拥有九个分校,我看到的只是其中的一个。当时根本没有想到,这个分校便是乔治·米歇尔的母校。得克萨斯农工大学创立于 1876 年,是得克萨斯州为了发展农业和工业而成立的。随着石油资源的勘探开发,得克萨斯州的经济发展已经与石油密不可分。得克萨斯农工大学除工科和农科之外,地质学、石油化工等与能源相关的专业得到迅速发展,现在已经在美国颇具优势,甚至在国际上也享有盛名,成为美国南部有代表性的大学之一。

曾经在这个大学主修石油工程学并以优异成绩毕业的乔治·米歇尔,选择了能源开发的道路,创立了自己的能源开发公司。提到石油和天然气资源开发的中坚力量，日本人马上会想到很多世界著名的石油大亨们，往往忽略了美国南部无数像乔治·米歇尔一样以能源开发起家的中小企业创业者们，他们才是页岩气革命真正的推手。

第二节　完全不同于20世纪石油时代的价值观

中小企业的衰退与能源巨头的登场

原油价格一路飙升突破了100美元/桶，美国的天然气价格也一路突飞猛进。那些投资页岩气开发的中小型能源公司仿佛进入了梦境一般。但是，这样的幸福时光并没有维持很久。2008年6月，天然气价格涨至12美元，但之后急剧下跌，4年后的2012年4月一度跌至2美元。

由于天然气价格出现令人意想不到的暴跌，这些中小型能源开发公司被土地权益合约压得喘不过气来。一般而言，能源开发公司与土地所有者签约时会对开采期限进行规定，即，企业必须在规定期限内在所购买的土地上开采页岩气。天然气价格高涨，对这些中小型能源开发企业很有利，而在天然气价格低至2~3美元时，页岩气开采根本无利可图。但是，若在合约规定的期限内不履行开采协议，企业又将面临土地权利人的诉讼而不得不赔款。

很多中小型能源企业由于资金周转问题破产，其中不少企业被迫撤出市场。这时，埃克森美孚、荷兰皇家壳牌石油公司等能源巨头开始登场，页岩气革命的接力棒从担当先锋的中小型企业手中，传递到石油巨头们的手里。

俄克拉何马的奥布里·麦克伦登便是其中代表之一。

1989年，以十名员工开始创业的奥布里·麦克伦登将他创立的切萨皮克能源公司，发展成为仅次于埃克森美孚、排名全美第二的天然气公司，他本人也成为一名立志刻苦奋斗并最终获得成功的传奇式人物。但是在2013年1月，奥布里·麦克伦登被迫辞去切萨皮克能源公司CEO的职务。

2月1日的《日本经济新闻》电子版转载了英国《金融时报》的报道。该报道称奥布里·麦克伦登为"伟大的地权谈判专家"。

"奥布里·麦克伦登是伟大的'地权谈判专家'，他擅长说服土地所有人，与他们签订合约获得在他们土地上开采页岩气的权利。切萨皮克能源公司内有几千位如麦克伦登一样的谈判专家，保护了开采性最高的页岩气埋藏地的巨大权益。"

但是，由于天然气价格的急剧下跌，巨大的利益变为巨大的债务。奥布里·麦克伦登为确保公司权益，已经给土地权利人支付了巨额定金。正如雷曼危机之前的美国一样，由于金融交易技术不断进步，金融危机反而给切萨皮克能源公司带来的危害更大。于是，迫于大股东的强烈要求，奥布里·麦克伦登被迫辞去CEO一职，离开了他亲手创立的切萨皮克能源公司。

米歇尔卓越的商业头脑

在残酷的商业战场上,为什么唯独乔治·米歇尔能够独善其身获得成功、成为传奇式人物呢?探寻他当年的经历,可以说既有几分"幸运"色彩,又有诸多"不解之谜"。

为什么乔治·米歇尔会选择在巴尼特页岩区开采页岩气呢?他当初是否通过评估才确定巴尼特页岩区有丰富的页岩气资源呢?而且,20世纪80年代,当时在页岩气开采技术上还存在大量难题,巴尼特地区是否存在页岩气储藏层还未有定论,米歇尔能源开发公司为何敢于投入相当于数百亿日元的巨额资金呢?而且,为何能够在连年亏损的情况下依然坚持进行页岩气的勘探与开采呢?

究其原因,恐怕很大程度在于美国天然气管道公司(Natural Gas Pipeline Company of America, NGPL)的存在。当时,美国天然气管道公司已经预计到常规浅层天然气产量将在10年后下降,因此需要开发新的天然气来源。米歇尔能源开发公司与美国天然气管道公司签订了长期供气合同,确保米歇尔能源开发公司以高于市价很多的固定价格将开采出来的页岩气销售给美国天然气管道公司。这份合同给米歇尔能源开发公司带来了强大的财务保障,在巴尼特页岩开发中起到了至关重要的作用。

据说,当时在巴尼特地区有很多开采浅层天然气的旧钻井,米歇尔能源开发公司利用这些旧钻井继续向深处的页岩气层挖掘,由此可以大幅度降低钻井成本和风险。

不过，最引人注目的还是土地租约。虽然奥布里·麦克伦登被冠以"地权谈判专家"的绰号，但其实在他之前，乔治·米歇尔已经在这个方面做得很好。乔治·米歇尔认为除技术创新之外，若想投资获得回报，最好的办法是租用大片土地，然后再以高价出售这些租约。

所以，乔治·米歇尔非常厌恶媒体报道他在页岩气开发上获得成功和对开采技术进行改善，因为他需要在土地的租赁价格上涨之前垄断土地开采权利。事实上他也做到了。

在页岩气开发上取得成功后，乔治·米歇尔并没有自我陶醉，利益最大化是他的追求目标，这种意识体现出他作为一个商人的本质，这在他开发全美最大的得克萨斯州伍德兰兹社区并获得成功的时候，已经有所表现。

进入21世纪，天然气价格高涨，一些独立的能源开发公司成为页岩气开采的急先锋，也诞生了一大批像奥布里·麦克伦登一样的"地权谈判专家"。但在此局面到来之前，乔治·米歇尔已经从页岩气开发事业中功成身退了。

2002年，乔治·米歇尔以35亿美元（约3500亿日元）的价格卖掉了米歇尔能源开发公司，跻身于2004年《财富》杂志的"世界富豪500强"。18年间一直投入大量资金坚持页岩气开发的乔治·米歇尔，将公司以3500亿日元的高价卖出，成为世界顶级富豪，功成名就，真可谓"完美人生"。

令人震撼的页岩气开采工地

回想2013年5月我在页岩气开采工地上进行采访的情

景。卡里索斯普林斯的页岩气开采工地，位于全美页岩气蕴藏量最丰富的得克萨斯州伊格福特页岩带的西端，靠近墨西哥边境。那里虽然是一片荒郊野岭，但聚集了各种高端技术。而且，那些高端技术还被有秩序地连接成为一个网络系统。

传统的天然气开采钻井，一旦开采成功，天然气便会自动喷出，在之后的 20 年甚至 30 年都可以保证持续的产出。但页岩气井一般寿命较短，甚至有些钻井在开采成功后几年便不得不废弃。所以，美国每年新增大量钻井，甚至 1 年新增钻井达到 2 万多口。

也正因为此，美国的页岩气开采设备虽然体积巨大，但全部是可移动式的。

开采工地令人震撼。首先需要将三根长约 15 米的导管连接起来，不断旋转钻入地下。被称为"钻机"的井架高约 50 米，钻井工人站在井架下约距地面三层楼高的位置上作业。

大部分页岩气开采钻井示意图显示，开采时需要按照垂直方向向下钻探，到达页岩气埋藏层之后，再沿水平方向在页岩气层内水平延伸。而我看到的开采工地却并非如此，钻机在同一地点打出 1 口井之后，再移动 5 米，打出第 2 口井，然后再移动 5 米，打第 3 口井，如此反复，直至第 5 口井。

笨重得像一个巨大铁块的钻机，究竟如何移动呢？事实上，钻机被巨大的铁制井架安装在两根轨道上，打完 1 口井之后，便将固定的设备拆除，让钻井在轨道上滑动 5 米，然后再固定，如此重复直至打完第 5 口井。5 口井全部打完之后，再将钻机全部拆卸下来，运送到下一处开采工地，在那里将钻机重新安装到轨道上。开采页岩气的钻探设备都是"移动式"的。

很幸运，笔者采访的那天，刚好遇上工地正在进行水力压裂作业。当然，水力压裂的设备也全部是"移动式"的。

通过压裂泵向钻井内打入大量的高压液体和水，所有这些压裂泵都被搭载在大型卡车上。当时有20辆卡车排成前后两排，发出很大的噪声，我们讲话时必须将嘴接近对方的耳朵，否则根本听不到对方的声音。打入钻井的液体中，需要混入特殊的砂砾并且必须快速均匀搅拌，而搅拌设备也被搭载在不同类型的卡车上。

压裂施工的设备上带有无数传感装置，数据被汇集起来集中管理监测。工地上，数十吨重的大型卡车的装货台被组装成控制室。控制室内装有监测压裂参数的各种高科技仪器。控制室装有空调，可以完全隔绝外界的噪声和沙尘。

控制室里有四位工作人员正在井然有序地通过显示器监测作业。带我们进入监控室的阿纳达科石油公司的管理人员，指着其中一台显示屏告诉我们，

"这里显示出的两个动态监控图，绿色显示的是压裂次数，红色则显示高压泵送液体的压力。根据这些数据，可以准确、及时地掌握各种施工参数，了解和判断井下施工进展状况。"

页岩气开发热潮之所以能够出现在美国，与乔治·米歇尔等企业家们具有旺盛的实业精神密切相关。同时，美国的土地私有制也是重要因素。美国的土地所有者不仅拥有地上

的所有权,同时还拥有地下资源的所有权。当然,还受到了21世纪前10年高涨的天然气价格的影响。但是,这次采访让笔者深切地感到,完全不同于传统科技的、一系列的技术创新才是促成页岩气革命的动力。页岩气的开采工地,简直就是集各项高科技之大成。米歇尔不断对得克萨斯州传统的油气勘探开采技术进行实践、优化、完善,在能源界掀起了一场技术革新。

由此,完全不同于20世纪石油时代的新的价值观诞生了。

创造出新的产业基础

"从19世纪到20世纪,即便经历了两次世界大战也没能迎来和平经济,其原因就在于围绕石油资源发生的争夺以及由此引发的领土主权的争端不曾停止。如今我们终于幸运地看到了希望,以石油和军事为支柱的资本主义势力正在走向没落。页岩气代表的新能源时代终于到来,这与以金融投机为主要表现的石油产业完全不同。"

斯坦福大学的名誉高级研究员今井贤一在2013年8月13日的《日本经济新闻》上发表文章,清晰地分析并论述了页岩气革命给资本主义带来的影响。

"冒险家乔治·米歇尔发明了以高压水破碎岩层的水力压裂技术。但是他并没有为此项技术申请专利,而是将这项技术公之于众。这种行为与过去石油产业的惯例有很大的区别,过去的石油产业追求的是技术垄断。"

今井贤一关注的问题不仅限于此,他还提出,页岩气开发的背后隐含着新的经济理论基础。

"页岩气开发技术,其实就是找到含有天然气的页岩层,并分析岩层环境,之后在页岩层做上标记,并安装探测器进行探测,然后根据获得的数据选择钻井地点以及钻井方式。这个过程并不是单纯地掌握数据,而是需要将个别数据(微观)与整体环境(宏观)之间的关系有机地结合起来,是一种划时代的技术。传统的石油开采时也同样需要收集庞大的探测数据以确定油田位置,但是一旦确定油田位置并打入钻井设备,石油就会自动喷出,使开发者获得巨大的收益。所以,石油资产是金融投资的绝好对象,并且与军事行动紧密相连,受到金融资本主义的控制。页岩气的开采却截然不同,它创造出了与金融资本主义完全不同的、新的产业基础。"

在21世纪的第一个10年里,那些被称为"租地人"的能源开发者,通过购买的方式取得大量土地的勘探权。但是他们在天然气价格暴跌时销声匿迹,这便是金融资本主义。不过,以笔者个人的判断,同样的现象是页岩气革命这种创造新价值的事业中不可避免的"阵痛",也是"必经之路"。

虽然同样都是从地下深处开采化石燃料,但过去传统的石油开发和页岩气开发名贸实易。页岩气开发通过一系列技术革新创造出新的产业基础。在这一点上,页岩气开发与过去传统的石油开发存在着本质性的区别。

页岩气资源遍布世界各个地区,页岩气开发这种新的产业本身是否能够普及和深化，非常值得我们期待。

目前可以确信埋藏有页岩气资源的国家主要有：欧洲的波兰、法国、罗马尼亚、俄罗斯、乌克兰；亚洲/大洋洲的中国、澳大利亚、印度尼西亚、巴基斯坦、印度；非洲的阿尔及利亚、利比亚、埃及、南非；南美洲/北美洲的阿根廷、古巴、委内瑞拉、巴拉圭共和国、哥伦比亚、智利等。

能源"地产地消"的时代到来了

虽然略显极端，但也可以断言，能源"地产地消"（当地生产、当地消费）的时代终归会到来，也许10年后，也许20年后，也许在更远一点的未来。不过可以确信，美国一定会全面地参与全球的页岩气开发。发生在美国并创造出新的产业基础的页岩气革命，势必会席卷全球。美国将引领能源"地产地消"时代的到来。

这种趋势对于日本企业来说，则意味着必将迎来具有无限可能的未来。呈现网络样态发展的页岩气勘探与开采技术中，也包含了来自日本的先进技术。今后很多行业都可能采用日本的技术，这是日本不可多得的宝贵时机。今井贤一的文章以页岩气革命的衍生行业——"排水处理"为例谈道："页岩气勘探开采过程中，对于废水的处理需要使用很多化学药品。而日本的栗田工业公司、荏原制作所等企业拥有领先世界的水处理技术，可以在此领域做出傲人的贡献。另外，东京都水道局的水处理技术也是世界一流。这些日本企业都是约瑟夫·熊彼特笔下曾经描述的、真正具有'匠人精神'的互利共生型企业。"

毫无疑问，在页岩气开发事业中，"水"处理是重要的课题。但课题越艰巨，随之而来的商业机会也就越巨大。

在美国，各个州有关废水处理的法律都不一样。在我采访过的伊格福特，就不允许废水再利用。得克萨斯州的法律规定，为了不影响饮用水，必须让水力压裂使用过的水重新流入地下1500米以下的深处。不过，这也只有在那些水资源充裕的美国南部的一些州才能做得到。在水资源缺乏的地区是不可能做到的。另外，页岩气开发是否真的对环境没有影响？目前还没有定论，而这个疑问伴随着页岩气的开发将会一直存在。有效的废水处理以及再利用在今后的页岩气开发中是一项不可或缺的技术。

技术领先世界的日本水处理企业崭露头角

栗田工业公司是日本的一家水处理设备生产企业，不仅提供半导体制造过程中需要用到的超纯水以及必须避免任何杂质和细菌混入的医疗用水设备，同时还能够提供工厂污水处理及土壤、地下水净化等设备和技术，是一家高科技跨国公司。

而荏原制作所旗下的"水 ing 公司"，在水处理和环境工程方面拥有高新技术，又借助与日挥公司、三菱商事的合作关系，提供水处理设备制造和操作服务。

当然，在水处理方面，日本还拥有很多高科技企业，远不止栗田工业公司和荏原制作所这两家公司。比如，拥有先进的多效蒸馏技术（MED）的大阪笹仓有限公司，它生产的海水淡化设备、排水设备以及水回收、有机物回收、废液的减量化蒸发浓缩设备闻名全世界，被中东产油国视若珍宝。

页岩气开采专用的石英砂

关于水力压裂法中所用到的"水"，很久之前便是难解的课题。自20世纪80年代开始，乔治·米歇尔就一直与"水"进行战斗。因为水力压裂技术需要将化学物质混入水中，使之成为凝胶状液体，并且还必须在压裂泵的前端均匀地掺入石英砂。因此乔治·米歇尔是稠化水压裂技术（gelled water frack）的发明者。这种技术于1984年开始应用。

当时，为了提高效率，在实际开采中还使用了氮。10年之后（1994年）经过再次技术革新，可以保证水力压裂时即使不使用氮也不会降低生产效率。在实施水力压裂法之前，还有一道被称为"acid treatment"的酸化处理工序，经过技术革新之后，这道工序也不再需要了。除此之外，注入钻井的凝胶含量也逐渐降低，使水力压裂法的成本整体降低了10%左右。之后，水力压裂技术不断得到完善。页岩气开发技术终于在1998年确定下来，当然，其中还吸收了其他公司的技术，大大减少了石英砂的用量。

以石油、军事为支撑的金融资本市场日渐没落

作为第一个"吃螃蟹"的人，乔治·米歇尔取得了杰出的成就。

1998年，拉开了页岩气革命大幕的乔治·米歇尔成就了一个"传奇"。实际上，在此之前，他以全美最获称赞的新城——伍德兰兹社区开发者的身份，已经创造了一个"传说"，成为载入美国史册的传奇人物。乔治·米歇尔一人便创造了两个美国"传奇"。

乔治·米歇尔作为油气勘探开采业者获得成功后，有条件调动雄厚的资金和贷款完成伍德兰兹大社区的房地产开发工程。他为该社区取名为伍德兰兹，可能有特别的用意。伍德兰兹社区中有以他的妻子辛西娅·伍兹·米歇尔（Cynthia Woods Mitchell）命名的"辛西娅·伍兹·米歇尔馆"（露天音乐会场，The Cynthia Woods Mitchell Pavilion），或许伍德兰兹社区的名字来源于他妻子的姓名。

1997年乔治·米歇尔将伍德兰兹社区的经营权转让给他的合作企业摩根士丹利（Morgan Stanley）和新月地产股票公司（Crescent Real Estate Equities）。第二年的1998年，页岩气开发技术正式确立。2002年乔治·米歇尔又毅然卖掉了米歇尔能源开发公司。正如切萨皮克能源公司的奥布里·麦克伦登一样，在米歇尔卖掉公司之后，很多独立的资源开发公司的经营者们为购买土地展开了激烈的竞争。"页岩气革命之父"乔治·米歇尔果断地处理掉以"租地人"身份所获的意外之财，开启了悠闲自得的退休生活。

卖掉伍德兰兹社区的时候，米歇尔78岁。

卖掉米歇尔能源开发公司的时候，他83岁。

在之后的10多年时间里，乔治·米歇尔悠闲自得地度过了余生。

米歇尔于 2013 年辞世，享年 94 岁。

自然而然地，页岩气革命的接力棒从中小能源企业转移到石油巨头之手。这让我想起芭蕉的俳句，"武士，梦留痕"。在能源世界新的价值观诞生的过程中，新陈代谢也是历史的必然。

石油和军事打造的金融资本主义正在走向衰退，我们可以期待，页岩气革命所创造出的新的产业，必将带来全新的资本主义。

后　记

　　身在日本国内的商人们，可能很难真切地体会到页岩气革命为世界带来的巨大的历史性变革。

　　我也曾对此感到焦虑。幸运的是，2013年5月，因为要完成拍摄东京电视台的纪录片《未来世纪JAPAN》的工作，我有机会前往美国南部页岩气开采工地和LNG工厂进行采访。虽然在此之前，每次采访都会使我感慨"百闻不如一见"，但此次赴美采访使我感受尤其深刻。

　　我在采访过程中看到，整个页岩气勘探开采的现场简直是高端科技的"集结地"。不亲身站在勘探开采的工地现场，便无法体会我当时的心情，无法想象我当时受到震撼的程度。虽然在采访之前我已经做好了充分的准备，并且研读了很多相关资料和几乎所有与页岩气革命相关的报告，而且还特意到曾经收集了页岩气革命的详尽资料并作出分析报告的日本政策投资银行，向相关负责人讨教。另外也搜索了网上的相关信息——阅读。但是，即便如此，在页岩气勘探开采工地上的所见所感,还是与想象中完全不同。

对于水平井钻井法和水力压裂法等专业术语,虽然从字面上也能抽象地理解其含义,但是,当我在勘探开采现场亲眼看到钻井、亲手触摸到现场使用的液压泵,在钻机操控室里看到液压泵转动的情景时,不禁激动万分。为了向钻井内注入高压的压裂液,竟然需要20辆巨大的卡车作为加压的动力!卡车发出轰轰的吼声,车身不断地摇晃着,那情景至今让我难以忘怀。

但更加让我感到震惊的是,美国竟然还有专业的油气输送管线分析师。也许是我无知,在此之前,我甚至从未想过世界上竟然还有这样的职业。油气输送管线分析师负责对油气管道的供需状况进行详细分析,向油气的供、需双方提供专业信息。

正是这份震惊,让我决心一定要探究页岩气革命在美国发生的原因、必然性以及只能发生在美国的原委。

的确,这本书并未能详尽地描述美国页岩气革命的全貌,关于页岩气革命,我本人也还有很多不了解的地方。

但是作为一名财经记者,能够亲赴页岩气勘探开采现场,确实意义非凡,对此我个人还是有一点自得的。21世纪究竟会是一个怎样的世纪?或许这本书多少能给出一些启示。

本书得到很多朋友的大力支持和帮助,采访过程中也受到各方人士的照顾，在此一并向各位表示感谢。同时，本书还得到了 Cubix 公司（日本的一家软件开发公司）的黑太康先生以及日本实业出版社佐藤克己先生的大力协助，在此谨表谢意！

2014 年 1 月吉日

财部诚一

图书在版编目(CIP)数据

页岩气革命：走向繁荣的企业和即将消失的产业 /
(日)财部诚一著；王炜，文婧译. --北京：社会科学
文献出版社，2022.7
（能源安全研究论丛）
ISBN 978-7-5228-0234-3

Ⅰ.①页… Ⅱ.①财… ②王… ③文… Ⅲ.①油页岩
资源-矿业经济-经济发展-研究-日本 Ⅳ.
①F431.362

中国版本图书馆CIP数据核字（2022）第099293号

·能源安全研究论丛·

页岩气革命
——走向繁荣的企业和即将消失的产业

| 著　　者 / 〔日〕财部诚一 |
| 译　　者 / 王　炜　文　婧 |

| 出 版 人 / 王利民 |
| 责任编辑 / 王晓卿 |
| 文稿编辑 / 王亚楠 |
| 责任印制 / 王京美 |

| 出　　版 / 社会科学文献出版社·当代世界出版分社（010）59367004 |
| 　　　　　 地址：北京市北三环中路甲29号院华龙大厦　邮编：100029 |
| 　　　　　 网址：www.ssap.com.cn |
| 发　　行 / 社会科学文献出版社（010）59367028 |
| 印　　装 / 三河市东方印刷有限公司 |

| 规　　格 / 开　本：889mm×1194mm 1/32 |
| 　　　　　 印　张：5.25　字　数：109千字 |
| 版　　次 / 2022年7月第1版　2022年7月第1次印刷 |
| 书　　号 / ISBN 978-7-5228-0234-3 |
| 著作权合同
登 记 号 / 图字01-2021-3097号 |
| 定　　价 / 58.00元 |

读者服务电话：4008918866

版权所有 翻印必究